시장과 인문학

경북대학교 기초교육원
복현모둠강좌 No.9

시장과 인문학

찍은 날 2012년 7월 23일 • **펴낸 날** 2012년 7월 26일
지은이 이강은, 김영용, 김석수, 홍원식, 양종근, 이하석, 강진아, 이기웅, 정문영, 윤영순
펴낸이 함인석 • **펴낸 곳** 경북대학교출판부 • **출판등록** 1973년 10월 10일 ㉑97호
주소 대구광역시 북구 대학로 80번지 • **전화** 053-950-6741~3 • **팩스** 053-953-4692
이메일 press@knu.ac.kr
ISBN 978-89-7180-344-8 93400

값은 표지 뒷면에 있습니다.
파본은 바꾸어 드립니다.

시장과 인문학

이강은 김영용 김석수 홍원식 양종근
이하석 강진아 이기웅 정문영 윤영순

경북대학교출판부

| 서문 |

1 어린 시절 엄마의 손을 잡고 시장을 걸으며 알록달록한 물건들과 시끌벅적한 인파에 공연히 신바람이 났던 추억 하나쯤은 누구나 가지고 있을 것이다.

떡집에서는 모락모락 김이 솟아오르고 펼쳐놓은 좌판마다 싱싱한 과일과 생선과 채소가 풍성하다. 손님을 부르고 흥정하며 저마다 분주하게 움직이는 사람들, 반갑게 인사하고 소식을 나누며 웃는 모습, 여기에 엿장수 가위 치는 소리까지 더하면 영락없는 추억 속의 시골 장터 풍경이다.

하지만 오늘날 시장에서 이렇게 사람 냄새 나는 풍경을 보고 싶다고 한다면 어느 정도 시대착오적이다. 동네마다 들어선 초대형 슈퍼마켓과 현대식 상점들, 엄청난 규모의 백화점이 우리의 기억 속에 떠오르는 작은 시장을 대체한 것은 이미 오래전 일이기 때문이다. 더구나 주식시장이라든가 외환시장, 인력시장이라든가 하는 눈에 보이지도 않는 시장이, 지역이나 국가를 넘어 세계적인 규모의 시장이 일상의 삶 구석구석까지 장악하고 있는 것이 엄연한 현실이다. 잠시라도 시장의 법칙에서 벗어나 한눈을 팔다가는 한두 개인이 아니라 국가와 사회 전체가 파국을 맞이할지도 모를 일이다. 이런 상황에서 사람 사는 냄새 운운하다가는 세상 물정 몰라도 한참을 모르는 구닥다리 문사의 한가한 푸념으로 취급당하기 십상이다.

그러나 아무리 시장이 확대되고 시장의 법칙이 우리의 삶을 장악한다 하더라도 시장은 사람을 위해 존재하는 것이라는 점에서 어떻게든 사람을 위해 조절되고 선용되어야 한다는 것은 논쟁의 여지가 없다. 무한 경쟁의 '글로벌' 시대가 세계인 모두를 수요 공급의 논리와 경쟁 속으로 휘몰아쳐도 그 본질은 바로 사람을 위한 것이라는 사실이 망각된다면 시장은 인류를 위한 도구가 아니라 인류를 위협하는 괴물이 되고 말 것이라는 확신은 결코 과장이 아니다.

2 사실 시장의 확대 자체보다 우리가 더욱 주목해야 할 것은 시장 논리가 우리의 정신과 사고마저 사로잡고 있다는 점일 것이다. 특히 아이엠에프라는 충격적인 국가부도 사태 이후 시장 논리가 우리 사회의 모든 영역을 과도하게 압도하고 있다는 지적이 많다. 우리 삶을 즐겁고 행복하게 만들어주는 시장이라면 쌍수를 들고 반갑게 환영해야할 것인데 시장으로부터 소외될지 모른다는 공포에 가까운 감정이 일종의 강박관념이 되어 우리를 압박하고 있는 것이다.

사정이 이러하다보니 우리 사회의 모든 논리는 바로 '시장의 법칙이라는 논리'에 근거하는 경우가 많다. 공공 정책과 사회 문제, 문화와 예술에서도 시장의 논리에 따라야 한다는 주장에 대해 다소간의 엄살과 투정을 부릴 수는 있어도 정면으로 반박하기가 쉽지 않다. 보편적 사회복지 문제를 거론하면 곧바로 반시장주의라는 거센 반발이 일어나고 심지어 사회주의 운운하는 이념 공세로 이어지기 일쑤이다. 중고등학교 교육뿐만 아니라 대학교육에 대한 문제에서도 존경받는 교육 지도자들의 입에서 시장의 논리가 거침없이 쏟아져 나오는 것은 어제 오늘의 일이 아니다. 가장 인간적인 삶의 영역이라고 할 수 있는 사랑과 결혼조차 철저한 시장의 거래로 취급되는 드라마를 보는 것은 차라리 식상할 정도다. 가족 간에도 보다 엄밀한 시장 논리를 적용해야 한다고 주장해도 전혀 낯설게 여겨지지 않을 시대가 이미 우리 곁에 찾아와 있는 것이다.

시장의 효율성과 합리성을 추구하고 시장에서 작동되는 논리와 법칙이 중시되는 것은 불가피하리라. 그러나 인간 삶의 모든 영역이 시장의 논리로 평가되고 재단되는 것은 불가능하다. 시장 논리에 과잉으로 압도되어 '괴물'이 찾아오기도 전에 두려움에 질려 숨이 막히는 것은 피해야 한다. 호랑이에게 물려가도 정신을 차려야 산다는 속담도 있지 않은가.

3 우리는 시장 만능주의의 우매함을 방치하거나 시장에 대한 고매한 외면으로 자족할 수는 없다. 더구나 우리가 무차별적인 시장논리에 벌거벗은 채로 노출된다면 그 개인적 상처도 상처려니와 또 다른 시장만능주의자가 되어 다른 사람에게, 가족에게, 친구에게 상처를 입히는 가해자가 될 수도 있다는 점에서 시장과 시장논리에 대한 적절한 비판적 반성 능력이 그 어느 때보다 절실하게 요구된다.

손님이 오지 않는 가게는 문을 닫거나 전업을 하는 것이 당연히 옳으리라. 두 가게가 경쟁하면서 상품의 질을 높이고 가격을 낮추는 것도 필요하다. 이 단순한 논리는 누구나 가장 의존하기 쉬운 법칙이다. 그렇다면 문화와 예술, 교육, 공공복지에서도 이 논리는 그대로 적용될 수 있을 것인가. 학생이 적어 운영이 곤란한 시골학교를 주변 학교에 통합하는 것, 입학생이 적어 대학의 학과가 문을 닫는 것, 그것도 당연해 보인다. 그러나 시장은 양면성을 가지고 있다. 경제학자들조차 시장의 논리가 완벽하게 작동하는 시장은 존재하지 않는다는 점을 매우 잘 알고 있다. 시장은 공동체의 역사와 문화 속에서 조절되고 제어되는 것이다. 때로는 학생이 적어도 유지되어야 할 학문 분야가 있고 효율이 떨어지는 중소 업종이 보호될 필요가 있다. 그것은 결코 시장 논리에 반하는 것이 아니라, 단순하게 절대화된 시장 논리를 넘어 보다 큰 시장의 법칙을 예견하고 대처하는 것일 수도 있다.

요즘 대학생들은 영어 실력과 각종 자격증 취득에 있어 그 어느 때보다 뛰어나다. 그런데 대학 사회에서 들려오는 한탄의 목소리는 대부분 학생들이 일학년 때부터, 아니 아예 대학에 입학하기 전부터 취업을 위한 목적의식으로 너무나 확고하게 무장하여 취업에 도움이 되지 못한다고 생각하는 교과목의 수강이나 교양을 위한 고전의 독서 따위는 생각조차 하지 않는다는 것이다. 물론 과장이 없지 않겠지만 실제로 대학 교육의 현장에서 느끼는 체감은 그런 한탄이 나오고도 남을 정도이다. 이것은 취업 시장의 현실을 넘어 시장 논리에 더 많이 과잉으로 압도된 결과가 아닐까.

보다 실용적인 지식과 능력을 향상시키는 것은 그 자체로 나쁠 것은 없다고 해도 그로 인해 사고체계마저 정체되고 단순화되는 것은 매우 심각한 '반(反)시장적' 결과를 초래할 수도 있다. 그것은 취업 자체에도 결코 도움이 되지 못할 뿐만 아니라 장기적으로 개인과 사회의 미래에도 전혀 바람직하지 못한 것이기 때문이다.

시장과 인문학, 어찌 보면 생경한 언어의 조합이 만들어진 것은 이러한 상황에 대한 걱정과 그에 대해 뭐라도 좀 해야 되지 않겠느냐는 다급한 마음에서였다.

인간과 인간의 삶의 본질을 탐구하는 학문으로서의 인문학과 경제학의 주요 탐구 대상으로 여겨지는 시장은 언뜻 전혀 다른 영역처럼 보인다. 더구나 시장과 시장의 논리가 우리 사회에 무소불위의 '절대반지'처럼 작동하는 현실에서 더욱 인간적이기 위해서는 더욱 시장의 논리를 피해야하는, 참담하지만 이해됨직한 상황도 종종 목격할 수 있다. 그러나 인문학이 시장을 외면하고 있을 수는 없다. 시장과 인문학을 결코 배타적인 영역으로 보지 않으면서 어떻게든 시장과 시장의 논리를 순화하고 조절하여 인간을 위한 유용한 도구로 삼는 것, 그것은 시장을 위해서도 인문학을 위해서도 결코 포기되어서는 안 되는 시대적 과제인 것이다.

4 이 책은 시장의 문제에 얽혀있는 인간적 문제들, 특히 '비시장적'이거나 '반시장적'인 문제로 여겨지던 여러 인문학적 문제들을 다루고 있다.

첫 강의 '왜 시장과 인문학인가'는 강의 책임자인 내가 맡았다. 시장과 인문학의 역사적 상호관계는 아직 학문적으로 정립된 것은 아니지만 나름대로 고대,

중세, 근대라는 일반적인 역사 시대에 상응하는 시장과 인문학의 관계를 실험적으로 도식화하여 문제를 제기해보고자 하였다. 두 번째 강의는 김영용 교수가 '시장: 성공, 실패 그리고 조절'이라는 제목으로 맡아주었는데 경제학에서조차 시장이 결코 만능이 아니라는 점, 시장의 보완을 위한 다양한 인문적 접근이 왜, 그리고 어떻게 필요한지를 흥미롭고 정확하게 제시한다. 이 강의만으로도 현대 경제학의 핵심적인 고민과 새로운 방향을 쉽게 이해할 수 있을 것이라고 생각한다. 이어서 김석수 교수의 '시장, 국가, 시민사회 그리고 공공영역으로서의 복지'는 현금 우리 사회에서 뜨거운 감자로 떠오른 복지 문제를 국가 형태의 변화와 시민사회의 성장을 중심으로 철학적이며 역사적으로 고찰한다. 현대 철학의 핵심 개념들을 수렴하는 탄탄한 토대를 갖춘 이 강의는 시장과 인문학의 문제를 보다 넓은 시각에서 사유할 수 있도록 해줄 것이다. '공자와 자본주의, 그리고 신자유주의'를 강의한 홍원식 교수는 최근 중국에서 부활하는 공자 현상을 진단하며 유교 자본주의의 특징과 현대적 가능성에 대해 흥미로운 관점을 제공하여 우리의 관심을 새로운 각도로 유도한다. 이어서 양종근 교수는 '시장을 바라보는 인문학'의 다양한 문학적 철학적 시각들을 제시하며 현대 인문학의 심층 이론을 쉽게 정리하여 제시한다. 그 뒤에 내가 다시 '문화의 시대와 예술체험'에서 현대 사회의 특성과 그에 필요한 문화역량의 개념을 선보이며 그것이 예술체험에서 어떻게 육성될 수 있을 것인지를 강의하였다.

전반부의 여섯 강의가 주로 이론적 측면을 다루고 있다면 후반부 다섯 강의는 인문학의 좀 더 구체적인 영역에서 시장의 문제를 다루고 있다. 이 강의에 참여해주신 것에 특별히 감사를 드려야만 하는 이하석 시인은 우리 문학에 나타난 시장의 모습을 곡진하게 음미하면서 이 시인 자신의 「현풍장」을 소개하고 있다. (개인적으로 나는 이 시를 읽는 순간 '바로 이거다' 하는 감동을 받은 바 있어 시인을 이 강의에 초청하였다.) 앞의 강의에서 다룬 이론과 개념을 염두에 두고 읽는다면 분명 작지 않은 문학적 감동을 받을 수 있을 것이라고 확신한다. 다음에 강진아 교수가 '역사적 자본주의의 수정과 아시아'라는 주제로 자본주의의 역사적 발전 모델에 관한 여러 관점을 비교하며 탈근대 시대의 대안으로서 아시아 경제 발전 모델의 가능성을 타진하고 있다. 학문적 깊이와 역동적인 학자적 시각을 느낄 수 있는 강의이다. 이기웅 교수의 '시장의 신화화'는 자본주의 시장에서 상품화와 소비화가 이루어지는 메커니즘을 언어학적, 철학적 개념으로 풀어내고 있다. 조금 까다로운 개념들이 구사되고 있지만 아주 정확하고 또 실천적인 지점까지 제시하고 있기 때문에 정독이 필요한 강의이다. 이어서 정문영 교수는 '비정규직 하녀의 노동과 섹슈얼리티'에서 최근 리메이크되어 화제가 되었던 영화 〈하녀〉를 하층 여성의 타자화와 억압이라는 한국 자본주의의 내면의 심리학을 통해 분석한다. 시장화된 우리의 일상이 과연 어떻게 비인간화되고 잔혹하게 폭력화될 수 있는지를 흥미롭게 보여주는 강의이다. 다음에는 우리 시대의 보다 현실적인 과제인 한류 문화에 대해 윤영순 교수가 시의적절한 비판적 접근으로 마지막 강의를 장식해 주었다. 윤 교수는 한류 문화의 성장과 확산이 이윤의 창출이라든가 타 문화에 대한 우월성을 만족시켜주는 심리적 기제에 기초해서는 그 지속성과 우수성을 확보할 수 없을 것이라는 냉정한 평가를 내리고 한류 문화가 풍부한 콘텐츠와 올바른 지향성을 통해 보다 인간적인 세계문화 형성에 기여하기 위해서는 우리 사회 인문학의 문화적 역량이 충분하게 접목되어야 함을 강조한다.

5 필자들은 다양한 시각으로 시장과 인문학의 문제를 다루고 있지만 시장 속에서 '보이지 않는 손(invisible hand)'보다 '보이지 않는 마음(invisible mind)'과 '보이는 손(visible hand)'을 찾아내려는 열정만큼은 모두 공유하고 있다고 생각한다.

시장과 인문학이라는 과제가 이 책에서 온전하게 해결된 것은 아니다. 이 책을 엮고 나서 시장과 인문학에 대한 보다 학문적인 접근과 이론화가 필요하다는 점을 더욱 절실하게 느꼈다는 것이 솔직한 심정이다. 다만 시장에 대한 인문학적 접근 자체가 바로 인간을 위한 시장의 건설에도 절실하게 필요한 것이라는 기본적인 생각 하에 문제의 해결에 독자들이 적극 참여하고 함께 상상해나가는 데 이 책이 기여할 수 있기를 바랄 뿐이다.

이 책은 원래 경북대학교 복현모듬강좌의 하나로 기획되어 열 명의 강사진이 각자의 전공을 바탕으로 강의한 내용을 글로 집필하여 모은 것이다. 꽤 까다롭게 생각할 수도 있는 강의 제안을 선뜻 수락하시고 열심히 강의를 해주신 선생님들께 거듭 감사를 드린다. 어설픈 제안 설명에도 불구하고 생각한 것 이상으로 아주 풍부하고 다양하게 문제를 조망하고 펼쳐 보이는 것을 보고 역시 각 분야에서 공력이 깊은 선생님들이라는 감동을 받았다. 교양강좌의 새로운 장을 열어가는 기초교육원과 출판에 큰 도움을 준 출판부에도 깊이 감사드린다. 그리고 열심히 강의를 들어준 많은 학생들에게 감사를 표하고 그들의 마음속에 시장과 인문학이라는 문제의식이 새롭게 자리 잡고 그것이 아름다운 실천의 한 걸음으로 나타나기를 기대한다.

2012년 7월

저자들을 대표하여 이강은 씀

차례

| 첫 번째 강의 |

왜 '시장과 인문학'인가*

-이강은(경북대학교 노어노문학과)

시장과 인간의 삶

차마고도(茶馬古道)는 차와 말을 교역하던 중국 고원 지대의 높고 험준한 산길로 인류 역사상 가장 오래된 교역로라고 한다. 이 길을 따라 수천 킬로미터를 오가며 차와 말, 소금과 양식을 거래하는 마방들의 삶은 얼마 전 티브이의 다큐멘터리 영상을 통해 소개되면서 많은 사람들의 탄성을 자아냈고 인류의 삶과 역사에 대한 깊은 영감을 불러일으킨 바 있다. 마방들에게 삶은 그 자체가 하나의 시장이요, 시장이 곧 그들의 삶이었을 것이다. 아직도 일부 지속되고 있는 그런 모습을 보면 아름답다 못해 장엄하다는 미적 감동마저 느낀다.

삶과 존재 전부를 건 그들의 교역 행위는 이익과 경제의 논리에 따라 작동하고 있음을 결코 부정할 수 없다. 몇 년, 혹은 몇 달에 걸친 그들의 행로와 다루는

* 이 글은 경북대학교 인문과학연구소『인문과학』제20권(2008. 8. 30)에 게재된 글을 수정 · 보완한 것임.

물품은 상호 지역 간 비교우위의 논리에 따라 자연스럽게 형성된 것이다. 만일 그런 경제논리를 배제한다면 결코 그러한 삶은 유지될 수가 없을 것이다. 그러나 몇 달에 걸쳐 만난 교역의 상대자들이 서로를 대하고 필요한 물품을 교환하며 거래하는 모습에서 악착같은 이해타산과 경쟁의 눈빛만을 보기는 어려웠다. 그들은 마치 삶의 의미를 나누기 위해 먼 길을 찾아와 서로 만난 친구들이 선물을 주고받는 것만 같았다. 서로 더 큰 이윤을 남기기 위해 거래를 조절하거나 속이려는 자세보다는 힘든 여정을 통해 자신들에게 좋은 물건을 가져다준 사실에 대한 고마움이 더욱 크게 그들의 관계 속에 엿보이는 것이다. 우리나라 시골 장에서도 그와 같은 풍경을 쉽게 볼 수 있다. 전국을 떠돌아다니는 한 장사치가 어느 시골 구석진 곳에 홀로 사는 노인에게 물건을 대주려고 굽이굽이 산길을 찾아가는 모습이나 장터에서 만나 물건을 거래하면서도 넉넉한 인간의 정을 나누는 모습들을 우리는 흔치 않게 만날 수 있는 것이다.

이렇게 말하면 시장을 너무나 낭만적인 공간으로 상상하는 것 같다. 여전히 그와 같은 인간적 면모를 완전히 상실한 것은 아니지만 오늘날 시장은 한 치의 오차도 허용하지 않는 긴박한 이해의 대립과 경쟁, 기만과 수탈의 논리가 작동하는 약육강식의 공간이 되었기 때문에 삶의 활력을 느껴보기 위해 아침 시장에 나가본다는 말은 너무나 '아날로그'적으로 들린다. 밤을 지새우며 외환 딜러들이 급박하게 시장에 반응하는 광경을 보면서, 경매 시장의 냉혹한 가격 형성과정을 보면서 시장의 인간성 운운하는 것은 한가하고도 한심하다는 조롱을 면키 어려운 것이다.

시장은 아주 기초적이고 원시적인 형태로부터 거의 '메타-시장'적 시장으로 성장해왔다. 아마도 인류의 시작 이래 그 형태와 수준은 다르더라도 시장이라는 개념이 존재하지 않은 때가 없었을 것이다. 씨족사회나 부족 사회에서조차 산물의 상호 유리한 거래가 존재해왔다는 사실은 다양하게 확인된다. 그 시장은 일종의 인간관계이고 사회적 삶의 중심이었다. 그리하여 시장은 하나의 광장으로 심지어 대화와 토론을 통한 정신의 교류와도 관계되어 있다는 점에서 일종의 문화적 광장과 연관된다고 말해도 과언이 아니다. 그리고 그 다양한 시장형태는 오늘날에도 공존하며 복합적으로 기능한다. 대형 백화점 옆에 수많은 전문점들, 그리고 그 옆 골목에 재래시장이, 또 길가에 노점상들이 각각의 시장을 형성하고 있다. 더구나 눈에 보이는 가시적 공간뿐만 아니라 눈에 보이지 않는 보다 거대한 시장이, 세계적 규모의 시장이 형성되고 작동되고 있다. 심지어 오늘날 우리의 삶은 전 방위적 시장화의 압력에 처해있고 인간이 시장 자체를 위해 봉사하도록 내몰리고 있다. 다시 말해 유사 이래 그 어느 때보다 시장이 인간의 삶을 지배하고 주도하고 있는 것이다. 보편적으로 존재해왔던 시장이 오늘날 가장 주도적인 공간으로서 인간 삶을 지배하고 있다는 점에서 현대를 시장의 시대라고 말해도 크게 잘못된 말은 아닐 것이다.

그러나 시장은 인간사회의 다른 모든 것과 마찬가지로 인간의 삶을 위해 존재하는 것이지 인간이 시장을 위해 존재하는 것은 아니라는 원칙('사람 나고 돈 났지 돈 나고 사람 났냐'는 경구처럼!)을 새삼 상기할 필요가 있다. 물론 그렇다고 인간과 시장을 분리 대립시키자는 것은 결코 아니다. 오늘날 인간의 삶을 시장이라는 시공간과 분리하여 따로 사고할 수는 없을 것이기 때문이다. 문제는 시장과 시장의 작동 논리를 어떻게 보다 인간화된 형식으로 조절해서 보다 인간적인 삶을 구현하는 데 기여하도록 해나가느냐는 것이다.

시장과 인문학의 상호관계

인간에 대해, 인간의 삶과 문화에 대해 그 본질을 탐구하는 학문으로서 인문학은 당연히 시장의 발전과 그 형태와의 긴밀한 상호연관 속에서 발전해왔다. 인간 삶의 불가피한 요소로 탄생한 시장은 단순한 물물교환의 공간에서 전 지구적인 삶의 통합의 공간으로까지 발전되었다. 인문학은 시장이 이렇게 확대발전하는 과정에서 때로는 그 발전의 동력으로서, 때로는 발전의 결과로서 역동적 관계를 형성해왔던 것이다.

우리의 문제의식을 공유하기 위해 좀 더 과감한 가설을 세워보자.

고대 사회의 시장은 인문학적 가치와 시장 가치의 필수적이고도 유기적인 연관 속에 존재한다. 시장과 인문학의 차이와 대립은 인식되지 않았고 언제든지 인간적 필요에 의해 시장이 형성되고 시장의 필요에 따라 인문학적 가치는 능동적으로 조응해왔다.[2] 돌을 깨는 석공이었던 소크라테스가 제법 학식이 높아지고 많은 학생들이 찾아와 배우기를 청하자 그의 아내는 이제 남편이 선생으로서 돈을 많이 벌 수 있으리라고 기대했다고 한다. 하지만 소크라테스는 지식을 나누는 일이 돈과 연결될 수 없다고 생각하여 결코 수업료를 받지 않았다. 바로 이 점이 이들 부부의 갈등을 불러일으키게 되었다는 점은 불문가지. 아내는 시장의 논리, 경제의 논리를 터득하고 있었고, 소크라테스는 철학자로서 여전히 지식과 경제의 차이를 신봉하고 있는 것이다. (만일 오늘날에도 대학이나 교육기관이 지식을 무료로 제공해야 한다고 하면 어떤 일이 벌어질까 상상해보자.)

어쨌든 고대 사회에는 거칠게 말해서 소크라테스적인 논리가 훨씬 지배하는 사회였다. 우리나라 단군 신화에서도 신과 동물과 인간 사이의 시장주의적 해석도 가능하겠지만 역시 무엇보다 지배적인 것은 인간의 인간됨을 유지해야한다는 가치가 가장 높은 '가격'으로 이해되고 있음을 부정하기 힘들다. 삼국시대의 갈등과 전쟁에도 분명 경제와 시장의 논리가 근본적으로 작동하고 있었음은 분명한 사실이다. 굳이 거창한 경제사적 고찰을 들먹이지 않아도 그것은 쉽게 이해

1 물론 아테네와 스파르타 등 상업적 교역 도시들의 고대 후기의 변화 등과 고대 중국 및 아시아권의 문제를 단순 도식으로 설명할 수는 없다. 그러나 대체로 이러한 가설은 기존의 연구를 통해 충분히 납득될 수 있다. 앨런 S. 케이헌, 정명진 역, 『지식인과 자본주의-정신과 돈, 그 갈등의 역사』, 부글북스, 2010, 제2장과 3장을 특히 참조하라.

되고 남음이 있다. 그러나 화랑 관창이나 견훤이나 고대의 인물들이 경제적 이익을 삶과 행동의 제일 원리로 삼고 있지 않았다는 것 또한 분명한 사실이다. 이런 점에서 경제와 시장의 논리가 고대에도 엄존하고 있었지만 그것은 여전히 인간적 가치와 생명의 가치와의 긴밀한 합일 속에 존재했다고 보는 편이 옳을 것이다. 즉 다시 말하자면 고대사회에서는 필요에 의해 경제적 산물의 거래가 이루어지고 시장이 형성되어 있었지만 그것은 필요한 만큼, 인간의 삶을 위해 필요한 만큼이었지 결코 인간의 삶 자체를 능가하여 시장 자체가 인간의 삶의 형식과 행동양식을 지배한 것은 아니었다. 그러나 이런 상황은 거꾸로, 즉 인간생존을 가능하게 하는 시장 능력, 즉 생산과 거래의 능력을 벗어난 인간의 삶과 행동 또한 가능하기 어려웠다는 점을 외면할 수는 없을 것이다. 저급한 생산력은 저급한 인간 삶과 상호 조응해 있었던 것이다. 이런 점에서 고대 사회의 시장과 인간의 삶은 서로 구별 자체가 무의미하게 어떤 식으로든 긴밀한 통합을 이룬 상태였다고 말할 수 있다.

고대사회에 비해 인구와 생산력, 국가의 팽창이 질적으로 변화되고 삶과 문화 양식도 질적으로 새로웠던 중세에는 인간에 대한 탐구로서의 인문학과 물질적 삶의 지표를 보여주는 시장의 상호관계 역시 질적으로 변모한다.

무엇보다 중세의 인문학은 종교와 더불어 사회 체제를 형성하고 유지하는 지배적 기능을 수행했다. 지배층의 사회적 독점을 정당화화고 그 사회체제를 유지, 조절하는 것이 중세 인문학(종교와 마찬가지로)의 존재근거이자 방법이었다. 중세의 시장은 인구와 사회의 규모가 커짐에 따라 더욱 활발하게 발전하면서 고대사회와 같은 공동체적 가치와 목표에 국한되지 않고 시장 자체의 논리, 즉 익명화한 관계 속에서 이익의 증대를 꾀하려는 집단을 형성해가기(상인계급, 혹은 계층의 성장) 시작한다. 그러나 시장의 발전은 중세적 가치관에 입각하여 통제된다. 다시 말하자면 중세의 시장은 인간사회의 내적 요구에 따라 자유롭게 발전하지 못하고 지배체제의 인문적 가치에 의해 통제된다. 시장에서 판매되는 품목과 가격의 조절, 시장에 참여하는 자격의 제한, 이자율의 통제 등을 통해 시장의 발전과 운용은 중세적 이데올로기에 의해 엄격히 제한받았던 것이다. 교회가 막대한 재산을 가지고 유통에 참여하기도 했지만 성직자 개개인에게는 재산소유가 금지되었고 시장 활동은 교구 내의 산물을 거래하는 것으로 특별히 통제되었다. 『신학대전』의 저자 토마스 아퀴나스는 시장과 교역에 대해 우호적이지 않은 가운데 최소한 사회적 필요에 기여하는 것으로 마지못해 인정하고 있다는 점, 그리고 대체로 많은 중세 신학자들과 지식인들이 재산소유를 포기하는 데 앞장서고 상업에 부정적인 태도를 보이고 있다는 점은 그런 사실을 방증하고 있다. 물론 종교와 철학의 그러한 태도는 다양하게 변형되어 나타나지만 기본적으로 중세는 상업에 대한 인문적 통제와 조절의 시기였다고 말할 수 있을 것이다. 종교적 내세를 위한 고난의 삶을 살아가야 하는 종교적 역사관과 그에 따른 엄격한 수도사의 삶이 최고의 가치로 숭앙되었던 점을 고려하면 그것은 당연한 것이기도 하다. 우리나라에서도 사농공상이라는 중세적 가치질서에 의해 시장이 통제되고 시장 참여자(상인계층)에 대한 신분적 제한이 엄격하게 주어졌던 점은 잘 알려진 사실이다.

근대 사회에서 시장과 인문학의 상호관계는 극적으로 역전된다. 고대사회에서 인문학이 시장과 동질적인 가치를 형성하고 있었고 중세 인문학과 시장은 갈등관계를 내재하면서도 인문학적 가치의 지배적 압도 속에 안정을 이루고 있었다면 중세의 몰락과 근대의 탄생은 시장의 자유로운 발전으로부터 시작된다고 말해도 좋을 것이다.

근대사회의 자본주의적 발전과 민주주의화는 시장과 인문학의 분리를 촉진하되, 시장이 인문학을, 인문학이 시장을 부분적으로 수렴하면서 각기 독자적인 영역을 구축해나간다. 시장에 대한 인문주의적 통제와 조절은 더 이상 가능하지 않게 되고 시장을 인문주의적으로 이해하고 정당화하는 데에도 일정한 한계가 있음이 명백해졌다. 인문학은 '시장의 막대한 힘을 인정하고 시장에 봉사하는 인문학'과 '시장의 논리에 저항하며 인문학 고유의 영역을 지켜내고자 하는 저항의 인문학'이라는 분할된 발전의 운명에 처하게 된다.

인간에 대한 다양한 학문은 한편으로는 근대 시장의 발전과정에 직간접으로 기여한다. 근대 인문학은 과학과 기술의 발전에, 그리고 시장에서 보다 유리한 위치를 점할 수 있는 계층의 지식 확대에 기여함으로써 중세의 인문학과는 현저하게 다른 존재가 된다. 귀족과 교회의 지식에 봉사하며 존재를 보장받았던 사회적 삶의 형식이 이제 시장에서 부르주아와 상인계층의 삶의 양식에 의거하는 '자율적이며 독립적인'(분명 상대적인 의미에서) 존재 형식이 되었던 것이다. 다시 말해 귀족과 지주를 위해 그림을 그려주고 생존하던 화가가 시장에 그림을 팔아 생존해야 했고 종교 교리와 윤리 등을 제공하던 신학과 철학은 근대 부르주아의 윤리관과 사회철학을 제공하는 기능을 수행해야 했다.

이를테면 아담 스미스는 자신의 이익만을 추구하는 상인과 그들의 시장 활동이 귀족들의 정복활동이나 종교의 궁극적 구원의 지향보다 사회적으로 훨씬 더 안전하고 바람직하며 유익하다고 본다. 인간의 욕망이 시장을 통해 보다 유익한 방향으로 순치되어 생산성이 향상되고 도덕이 개선되어나갈 수 있다는 것이다. 즉 인간은 욕망을 채우기 위해 지배와 복종, 혹은 투쟁으로 나가기보다 시장에서 물건을 사고팔면서 돈을 매개로 욕망을 충족할 수 있다. 아담 스미스뿐만 아니라 몽테스키외, 흄 등 근대의 저명한 사상가들은 이러한 새로운 도덕률을 지지하기 위해 법과 사회계약, 도덕과 종교 등 다양한 영역에 걸쳐 시장체제의 정당화에 기여하는 '시장의 인문학'으로 나아갔던 것이다. 그러나 주목해야할 점은 근대 초기의 시장과 상업의 인정은 무분별한 시장주의로 나아가기보다 엄격한 도덕적 종교적 제한 속에서의 인정이었다는 점에서 여전히 시장 우위 속의 인문적 보완의 정신이 강하게 작동하고 있었다는 점이다. 아담 스미스의 논리조차 시장만능주의를 주장하는 것이 아니라 어떻게 시장을 인간을 위해 활용할 수 있는가라는 목적에 맞추어진 것이었다.

다른 한편 여전히 고대에서 중세에 걸쳐 이어졌던 반시장주의적 인문학의 다양한 경향은 근대 자본주의의 성장 앞에서 더욱 강력한 저항의 인문학을 구축해 갔다. 중세 교회의 타락을 비판하면서 탄생한 프로테스탄티즘은 한편으로는 시장과 상업활동에 대해 매우 금욕주의적 경계를 게을리하지 않았다. 이어지는 다양한 분파 속에서 부르주아의 경제활동을 도덕적으로 지지하고 시장 활동을(물론 엄격한 종교적 계율의 부과와 더불어) 긍정하는 교리가 활발하게 나타나기도 하지만 대체로 근대 기독교는 여전히 자본주의와 시장에 대해 적대적인 경향을 유지하고 있었다. 시장과 시장의 논리에 대한 적대적 경향은 시장의 자본주의화가 더욱 가속화되고 사회의 다른 많은 영역들에 그 영향이 확대됨에 따라 강화된다. 자본주의의 모순과 시장의 탐욕의 과도함을 비판하면서 보다 평등한 사회를 구축하기 위해서는 시장의 무분별한 자유가 매우 해로운 것이며 시장의 원리에 근거한 자본주의 역시 전 인류를 해방하는 최선의 제도가 아니라는 확신이 다양하게 제기되었던 것이다. 사회적 평등에 대한 열정적인 관심에 근거한 루소의 자본주의 비판과 사유재산 부정의 논리는 근대 자본주의 비판의 시작이라고 말할 수 있을 것이다.

루소는 돈벌이 행위를 일관되게 부정하고 상인과 악당, 도둑을 동일하게 바라보았다. 루소는 시장과 상인 활동이 건강한 생산체제를 와해시킬 것이고 경제적 불평등은 정치적 불평등으로 나아갈 것이라고 우려하였다. 이와 같은 반자본주의적 반시장주의적 비판은 사회주의 사상으로 집약되어 나타난다. 극단적 평등주의를 꿈꾼 프루동의 저작들과 이후 과학적 사회주의를 주창한 칼 마르크스의 사상은 바로 시장의 우위에 근거하여 구조화되기 시작한 근대사회에 대한 저항의 인문학의 기저 사상이 되었다.

이렇게 근대 인문학은 한편으로 시장체제의 강화에 기여하면서 다른 한편으로는 부단히 시장체제에 대한 비판과 저항이라는 서로 다른 두 경향을 유지해왔다. 1917년 러시아의 사회주의 혁명으로 시작되어 20세기 전반에 걸쳐 세계 곳곳에서 전개된 공산주의 사회 변혁 전략은 저항의 인문학의 극단적인 한 형태였고 자본주의 사회의 전면적 확대에 따라 성장하고 파생된 다양한 인문학은 친시장적 인문학의 한 형태였다.

친시장과 반시장으로 분리된 근대 인문학의 두 경향은 현대의 사회변화 속에서 극적으로 새로운 상황에 직면하게 된다. 20세기 후반과 21세기 초반 인류 사회를 지배하는 정보통신혁명의 가속화와 전지구적 자본주의화와 세계화 과정은 이제까지 인문학이 취하고 있던 두 다리로는 결코 장악할 수 없는 것처럼 보인다. 시장은 20세기를 거쳐 매우 다양하게 진화하여 기존의 관점만으로는 그 형태와 기능, 역할, 범주 등을 온전히 파악되기 힘들 정도이다. 인간 삶의 거의 모든 영역에서 시장과 시장주의적 논리는 더욱 지배적으로 작동함으로써 자본주의의 부정적 경향(저항의 인문학이 그토록 비판하던)이 무한 증폭되고 있다는 우울한 진단이 20세기 말의 시대적 징후로 받아들여졌다. 그러나 다른 한편 정보통신 혁명과 인류적 가치의 세계화는 현대 인간의 삶에서 시장과 시장주의의 새로운 변화, 즉 문화적 가치와 인문적 가치의 새로운 결속을 통한 극복과 지향의 가능성을 보여주고 있다. 현대 인문학은 그런 점에서 여전히 그 우울함과 가능성 속에서 미열의 감기를 앓고 있는 것만 같다. 그 감기가 새로운 면역체계를 만들어 더욱 건강한 몸을 만들어갈 것인지, 치유되기 힘든 독감의 시작인지는 아직 누구도 알 수 없을 것이지만, 그 결과는 분명 현대 인문학이 감당해야할 중차대한 역할과 관련되어 있다.

이제까지 대략 살펴본 역사적 고찰을 통해 우리는 시장과 인문학의 관계가 역사적으로 변화되어 왔다는 것, 그리고 인문학적 가치는 절대적인 범주가 아니라 시장의 다양한 변화와 유기적으로 연관되어 변화되어 왔다는 점을 알 수 있다. 인간의 자유와 행복, 윤리와 이상, 사회 공동체에서 삶의 유형과 변화 등은 절대적인 범주가 아니라 상대적인 것이다. 심지어 존재론 자체도 시장 변화와 밀접한 관련을 맺고 있다. 인간의 자기 정체성 인식과 존재의 성찰과 공감, 대화와 소통 등의 범주 역시 시장의 변화와 긴밀한 상관관계를 맺고 있는 것이다. 근대 인문학이 근거하고 있는 자유, 윤리, 성찰 등 매우 많은 개념들도 근대 사회 조건에 대한 부응이며 무엇보다 시장의 변화와 그에 대한 적응으로부터 파생된 개념인 것이다.

이러한 도식을 표로 다시 정리하면 다음과 같다.

시장과 인문학의 역사적 조응

단계	시장과 인문학의 상호관계
고대	서사시적 일치의 시대. 범주는 구별되나 인문적 가치와 시장적 가치 상호 일치.
중세	시장에 대한 인문학적 조절과 통제의 시대. 가격과 유통 방식 등에 대한 인문적 가치의 통제와 지배.
근대	시장의 해방적 역할과 지배적 역할 강화. 시장에 대한 자본주의적 해석과 반자본주의적 해석의 대립. 인문적 가치에 대한 시장주의적 지배와 억압. 인문학의 체제순응적 기능과 저항적 기능 분리.
현대	시장의 압도적 지배 속에 시장의 형태 변화. 과학기술의 발견과 시장 혁신에 따른 시장형태의 다양화, 전지구화. 문화적 가치, 인문적 가치에의 의존성 고조. 인문학의 새로운 위기. 체제순응과 저항의 기능 구별이 무의미. 시장 조절과 통제의 새로운 인문학적 패러다임 요구.

시장과 인문학의 상호관계에 대한 역사적 고찰과 유형화는 현존 인문학이 처한 위기의 증상을 명료하게 인식하게 해주고 미래를 향한 새로운 모색의 원천이 될 것이다. 이와 같은 커다란 도식 속에서 우리는 현존 인문학의 역사적 정체성을 파악함으로써 동어반복적인 인문학 본질론을 넘어서서 현대 사회의 조건 속에서 새로운 인문학적 패러다임을 모색하여 그 창조적인 변화의 가능성을 키워 나갈 수 있을 것이다.

인문학의 위기와 과제

앞에서 살펴본 것처럼 시장과 인문학의 관계는 역사적으로 매우 다양하게 형성되고 변화되어 왔다. 이런 점에서 근자에 우리 사회를 휩쓸었던 인문학 위기론에 대한 진단과 처방에서도 이와 같은 역사적 상관관계의 맥락을 고려하는 것은 필수적이라고 생각한다.

인문학이 시장의 요구를 무시함으로써 위기가 심화되었다는 진단으로부터 인문학이 시장에 적응하기 위해 노력해야 한다는 처방이 나오고, 반대로 인문학이 시장논리에 휘말려서 위기가 심화되었다는 진단에서는 인문학을 시장논리에 맡겨두어서는 안 된다는 요구가 나온다. 인문학 위기와 진흥에 대한 우리 사회의 최근 논의들은 다양하고 모호한 유보조건을 달고 있기는 하지만 대체로 이 두 극단 사이에서 펼쳐지고 있다. 그러나 시장만능의 논리는 시장의 역사성과 시장의 본질에 대한 오해에 근거하거나 혹은 시장에 대한 특정한 시각을 절대화한다는 비판을 피하기 어렵고, 반면 반시장주의적 저항 논리는 우리 사회의 시장의존성에 대한 과소평가에 근거하거나 추상적인 시장 부정이라는 안이한 결론으로 내몰리기 쉽다.

시장에 적응해야한다는 시장 친화적인 논리가 시장에 대한 안정된 개념에 의거하는 것은 아니다. 시장논리를 앞세우는 많은 주장들은 시장경제의 기초적인 요소, 경쟁과 수요 공급이라는 원리에 대한 아주 일반적이고 단순한 추상 논리에 근거하는 경우가 많다. 시장은 끊임없이 변화하고 시장에 작동하는 원리는 매우 다양하다. 따라서 인문학이 시장에 적응해야한다는 주장은 인문학에 경쟁적 요소를 도입하고, 사회의 수요와 공급에 순응해야한다는 매우 일반적인 차원의 것으로서 사실 그렇게 논쟁적인 것은 아니다. 그런 정도의 시장화 주장이라면 굳이 반대할 이유도 없을 것이다. 인문학에도 그와 같은 원리는 언제나 작동하고 있었기 때문이다.

문제는 인문학을 특정한 시장의 이해관계에 귀속시키고자 하는 의도가 일반적인 시장논리로 포장되어 유포되는 것이다. 이를테면 특정 기업이나 정치 세력이 해석하는 시장적 이해관계에 부합하도록 인문학을 유도하려는 시도가 시장논리라는 보편의 이름으로 강제되고 있다. 실제적 이해관계를 은폐하고 있는 이런 경우 '시장논리'는 하나의 이데올로기로 작동하는 셈이다. 이런 논리에 대해 역시 똑같은 시장논리로 반박이 가능하다.

시장논리의 무차별적 적용에 반대하며 인문학 고유의 가치를 실현할 수 있도록 보호 육성해야 한다는 주장도 사실 시장과 시장논리에 대한 근본적 부정에 기초하는 것이 아니다. 사회의 수요와 필요에 절대적으로 무관한 인문학이란 존재할 수 없기 때문이다. 그리하여 사실 여기서의 문제는 인문학에 대한 사회의 수요와 필요를 어떻게 해석하고 어떻게 대응하느냐의 문제라고 말할 수 있다. 그러나 인문학적 가치에 대한 확인과 그 육성의 논리는 반-시장, 반-시장논리, 반-시장주의로 채색되고 단순화되는 경향이 많다. 말없는 시장을 손쉽게 가상의 적으로 만드는 것이다. 이런 논리 속에서 인문학 육성의 논리는 때로 특정 집단의 이익을 은폐하고 있다. 기형적으로 발전한 대학의 구조를 개혁해야할 필요에 직면했을 때 그에 대한 저항이 '시장논리의 적용 반대'라는 구호로 나타나는 것이 그 한 예라고 말할 수 있다.

이처럼 인문학의 새로운 진로를 모색하면서 우리는 곧바로 시장이라는 문제에, 그리고 시장에 대한 다양한 주장들에 직면한다. 그러나 앞서 말한 바와 같이 시장이나 시장논리, 시장주의 등은 서로 다르게 이해되고 있을 뿐만 아니라 서로 다른 주장의 동일한 근거로 활용되기까지 한다. 즉 시장주의를 내세우면서 반시장적 주장을 하거나 반시장주의적 주장을 하면서 시장주의적 이해관계에 빠져 있는 논리적 착종이 종종 일어나는 것이다.

논리적 착종은 단순한 실수나 오해에 그치지 않는다. 우리의 삶과 사회 전체에 시장과 시장논리는 깊이 침투되어 있고 시장과 시장논리에 기초한 사회 제도의 발전은 더욱 가속화될 것임에 틀림없다. 그 과정에서 시장과 시장논리에 대한 지속적인 착종은 우리 사회의 건강한 사회이성을 끊임없이 소모적인 이데올로기 대립으로 몰아갈 위험이 크다.

시장과 인문학을 둘러싼 다양한 논의들이 오해와 착종에 기초한 것으로 사실은 논리적으로 모순을 일으키지 않는다는 절충적 해석을 주장하는 것은 결코 아니다. 무엇보다 우리가 주목하고자 하는 것은 시장과 인문학에 대한 획일적이고 고정된 시각은 현실 변화를 반영하지도 현실 변화를 주도할 수도 없다는 점이다.

전 세계적인 사회통합과 분화라는 일반적 정세 속에서 특히 우리 사회는 남북의 대립과 통일이라는 긴박한 민족적 과제에 직면해 있고, 한 · 중 · 일로 구성되는 '동북아시아 상호관계체제'라는 긴박하고 역동적인 관계망에 들어가 있다. 이러한 상황은 우리 사회가 이 문제를 정면 돌파하지 않으면 그 어떤 미래도 보장하기 어렵다는 것을 의미한다. 그런데 이러한 긴박하고 역동적인 문제의 핵심에는 바로 시장과 시장주의 문제에 대한 올바른 이해와 소통, 적용 등의 문제가 깊게 매개되어 있다는 점에 주목할 필요가 있다.

중국과 북한, 남한, 일본, 러시아 등 각기 다르게, 혹은 유사하게 변화 발전해가는 사회체제 속에서 시장과 인문학의 상호관계 양상은 향후 이 지역의 문화적 교류와 발전을 이해하는 핵심적 문제의식이 아닐 수 없다. 이런 점에서 남북의 소통과 통일, 중국의 경제논리와 인문사회 논리, 일본의 선진 자본주의의 위기와 대응에서 나타나는 인문학의 대응, 한국 사회 발전의 시장과 인문학 등의 문제는 우리 사회가 풀어내야할 중요한 인문학적 과제가 아닐 수 없다.

시장과 시장주의의 불가피한 확대적용 과정에서 시장과 시장논리를 둘러싼 이데올로기적 착종을 극복하고 보다 합리적이며 보다 인간적이고 평화로운 상생의 사회를 구축해나가는 것, 그것이 우리 사회의 이익을 진정으로 극대화하는 '시장논리'라는 것이 논구되고 논증되고 합의되는 것, 그리하여 하나의 문화로

지양되는 것, 그 문화 속에서 우리 사회의 미래를 담보할 바람직한 주체를 형성하는 것은 단순한 학문적 과제임을 넘어 우리 사회 전체의 절박한 과제이다.

더 읽을거리

김찬호, 『돈의 인문학』, 문학과지성사, 2011.
박정호, 김훈민, 『경제학자의 인문학 서재』, 한빛비즈, 2012.
앨런 S. 케이헌, 『지식인과 자본주의-정신과 돈, 그 갈등의 역사』, 정명진 역, 부글북스, 2010.
얼 쇼리스, 『희망의 인문학』, 고병헌 외 역, 이매진, 2006.

| 두 번째 강의 |

시장: 성공, 실패 그리고 조절

–김영용(경북대학교 경제통상학부)

시장의 성공

인간 행동과 관련한 경제학의 가장 근본적인 문제를 꼽으라면 그것은 아마도 조정(coordination)의 문제와 동기부여(motivation)의 문제일 것이다.[1] 자신의 역량 가운데 얼마나 많은 노력을 이끌어내는가가 다름 아닌 동기부여의 문제라면, 이러한 각자의 노력들을 공동의 목표에 부합되게 배치하고 조화시키는 문제가 조정의 문제인 것이다.

조정의 문제를 논의하기 위해 간단한 사고 실험을 도입하자. 어느 크루즈 유람선이 빙산과 충돌하여 승객 100명이 무인도에 표류하게 되었다고 가정해 보자. 확률적으로 보아 이들이 1년 이상 이 섬에서 표류한 연후라야 다시 구출될 수 있다. 이들의 당면 목표는 1년간의 생존이며 이를 위해 이제 그들은 한 자리에 모

1 Milgrom, P. and J. Roberts, *Economics, Organization, and Management*, Prentice-Hall, 1992.

여 앉아 1년간 생존에 필요한 재화나 서비스 목록과 그 수량을 결정하여야 한다. 예를 들어 그 목록 안에는 생존에 필요한 물고기나 과일의 조달, 비바람을 피할 수 있는 움막의 건설, 수렵과 채집을 위한 도구의 생산, 그리고 무료한 생활을 위로하기 위한 연극 서비스의 공급 등이 포함될 것이다.

한편 이들 재화나 서비스를 생산해내기 위해 사용할 수 있는 유일한 자원이 노동뿐이라고 하자. 배가 침몰할 때 아무것도 가지고 나오지 않았기 때문이다. 만일 이들이 하루에 8시간 노동하고 일주일에는 5일만 일한다고 가정한다면 이들이 섬에 갇혀 있는 1년 사이에 동원할 수 있는 총노동 시간은 8시간×5일×52주×100명=208,000시간이다. 이 시간들만을 가지고 앞서 목록에 기재된 재화나 서비스를 다 생산하기가 어려울 경우 우리는 다시 목록에서 불필요한 항목을 제외시키고 포함된 항목의 경우에도 그 수량을 재조정하여야 할지 모른다.

이처럼 한 사회가 한정된 자원을 가지고 필요한 재화 생산에 배분하는 것을 경제학자들은 자원 배분(resource allocation) 과정이라고 부른다. 우리의 사고 실험에서 자원 배분은 100명이 모두 모여 토론 및 투표를 통해 이루어질 공산이 크다. 이 과정은 아주 혼란스러우며 갈등적인 과정일 것이다. 어떤 이는 물고기를 잡기 위해 어망을 반드시 생산 목록에 포함시켜야 한다고 보는 반면 또 어떤 이는 당장 위생 시설을 만드는 것이 더욱 더 시급한 문제라고 주장할 것이다.

그런데 이제 5천만 명 한국인 모두가 1년 동안 무인도에 표류하게 되었다고 생각해보자. 이 경우 합의나 투표를 통한 자원 배분 과정은 불가능하다고 보아야 한다. 동네 골목 편의점에 진열된 상품 수는 모르긴 몰라도 최소한 수백 가지가 될 것이다. 대형 편의점에서 거래되는 상품의 품목 수는 수천 가지가 넘는다. 1년간 5천만 명이 생계를 위해 필요한 전체 재화나 서비스 수는 당연히 이를 넘어설 것이다. 거기에다 앞서 우리는 노동만이 유일한 생산요소라고 간주하였으나 지금 이 경우 노동뿐 아니라 자본 또한 존재한다는 점을 고려해야만 한다. 노동 또한 재고하여야 할 측면이 존재한다. 노동은 그 질이 상이하기로 악명이 높기 때문이다. 추상적인 과학 지식을 가진 사람이 있는가 하면 숙련된 목공 기술을 가지고 있는 사람도 있고 아무런 지식이나 기술을 가지고 있지 못한 사람들도 존재한다. 5천만 명의 선호를 존중하면서 엄청나게 긴 재화 목록과 다양한 투입물 유형을 두고 투표를 통해 자원을 분배한다는 것은 글자 뜻 그대로 불가능하다.

현실에서는 토론과 투표를 대신하여 바로 시장이 자원 배분 문제를 해결한다. 예를 들어 보자. 휴대폰이 현재와 같이 일반화되기 전에 사람들은 소위 '삐삐(beeper)'를 사용한 적이 있다. 그러나 기술 발전과 더불어 사람들은 삐삐 대신 점차 휴대폰을 수요하기 시작하였다. 이를 경제학자들은 부문간 수요 변동(sectoral shift in demand)이라고 부른다. 만일 휴대폰 시장에서 제품 수요가 증가한다면 당연히 휴대폰 가격이 상승할 것이다. 휴대폰 가격의 상승은 휴대폰 생산자로 하여금 추가 생산 유인을 제공할 것이고 따라서 이 시장에서는 수요변화에 대응하여 더 많은 휴대폰이 공급될 것이다. 한편 수요가 삐삐 시장에서 휴대폰 시장으로 이동하였으므로 삐삐의 가격은 하락하고 삐삐 생산자는 생산 유인이 이전보다 감소할 것이다.

그러나 여기서 시장 조정이 끝나는 것은 아니다. 휴대폰 가격의 상대적 상승은 삐삐 가격의 상대적 하락으로 인해 유휴설비를 떠안게 된 삐삐 생산자들로 하여금 휴대폰 산업에 참가하도록 유인할 것이다. 진입이 이루어진다면 이제 휴대폰 산업 내 생산자 수가 증가하게 되고 따라서 생산량은 진입 이전에 비해 더욱 증가한다. 휴대폰 공급의 증대로 인해 이제 다시 휴대폰 가격이 하락하기 시작할 것이다. 이러한 하락은 정확히 수요변화 이전 가격수준을 회복할 때까지 이루어진다. 만일 조금이라도 수요변화 이전 가격에 비해 가격이 높다면 삐삐 생산자들의 휴대폰 산업 진입은 계속 이루어지기 때문이다.

이제 이러한 시장 조정 과정이 얼마나 놀라운 일이었는지를 확인해 보자. 사람들이 휴대폰에 대한 가치를 높이 평가하여 그 수요가 증가하였다. 만일 사회가 무한히 많은 자원을 보유한 경우라면 추가 생산을 위해 증가한 휴대폰 수요 요구를 수용하면 그만이다. 그러나 우리가 실제 살고 있는 사회의 경우처럼 모든 자원이 희소하다면 우리는 제한된 자원을 보다 내실있게 사용하여야 하며 이를 위해 우선 순위가 밀려난 삐삐 생산에 사용된 자원을 휴대폰 생산으로 전환하여야 한다. 이는 마치 앞서의 사고 실험에서 생존을 위해 더 긴요하다고 판명된 더 많은 물고기 조달을 위해 연극 연습에 참가하고 있는 사람들을 물고기 잡이에 배치하는 것과 같은 원리이다. 그러나 비록 같은 원리이기는 하지만 그 방법은 전혀 상이하다. 최초 사고실험의 예에서 그 방법이 토론과 합의였다면 휴대폰 사례의 경우 그 방법은 시장 조정이다.

시장은 개인에게 그 어떤 직접적인 강압(coercion)을 통해서가 아니라 개인 스스로의 판단을 통해 이와 같은 성과를 가져온다. 시장에 참가한 개인들은 자기 이익을 위해 행동하는 사람들이며 따라서 자기 이익을 위한 행동에 스스로를 강제(enforcement)한다. 가격이 높아진 휴대폰 산업의 생산자들은 스스로 생산량을 증대시킨다. 가격이 낮아진 삐삐 산업의 생산자들은 자발적으로 사업을 정리하고 수익성 높은 새로운 신흥산업인 휴대폰 산업으로 이전해간다. 이 과정은 자유로운 개인의 의사결정과정에 기초하지만 그 결과 자원 배분 문제가 말끔히 해결된다. 좀 더 전문적인 용어로 표현하자면 자원 배분은 외부 요인에 대한 의존 없이 시장 내에서 이루어지며 그런 의미에서 내생적 과정(endogenous process)이다. 요컨대 시장은 스스로를 조절한다(self-regulating).

시장 경제는 그 자체를 두고 보더라도 경이로운 존재임이 틀림없다. 예를 들어 갑자기 당신이 청어를 먹고 싶다고 가정해보자. 당신은 오늘 저녁 수산물 시장에서 장을 보게 될 것이며 거의 틀림없이 오늘 저녁 여러분 식탁에는 청어 요리가 오르게 될 것이다. 그런데 도대체 어떻게 이것이 가능했을까? (더군다나 청어는 무척 상하기 쉬운 어류라 소비자가 원하는 시점에 바로 공급되기가 어려운데 말이다.) 당신이 청어를 구입하기로 결정하였다는 사실을 어떻게 청어잡이 어부가 알아냈을까? 청어를 먹는 사람과 청어를 잡는 사람이 서로 미리 합의하지 않고 개인적인 결정을 내렸을 텐데 어떻게 이들 분권적 의사결정이 서로 조화되고 조정될 수 있었을까?

이 질문에 대한 최초의 대답이 200여 전 한 스코틀랜드 지식인의 머릿속에서 나왔다. 아담 스미스(Adam Smith)의 설명에 따르면 대륙 도시에 살고 있는 당신이 원하기만 하면 청어를 먹을 수 있는 이유는 바로 청어를 잡는 어부의 자기 이익이나 이기심 때문이다. 만일 당신과 같이 청어를 좋아하는 사람들의 수가 늘어난다면 수산물 시장에서 거래되는 청어의 가격이 높아질 것이고 따라서 어부는 자기 이익을 위해 더 많은 청어를 잡아 공급하기 시작한다. 마치 더 높아진 휴대폰 가격에 반응하여 휴대폰 생산자가 더 많은 제품을 공급하듯 말이다.

스미스는 이러한 과정을 묘사하기 위한 메타포로서 "보이지 않는 손(invisible hand)"이라는 표현을 사용하였다. 당신과 청어잡이 어부를 포함한 무수히 많은 생산자와 소비자의 배후에는 이 보이지 않는 손이 존재하여 이것의 인도를 통해 시장은 조화와 질서를 얻게 된다. 이제 당신도 충분히 짐작하였듯이 이 손은 다름 아닌 시장에서 거래되는 가격이다. 조화와 질서라는 시장 성과를 얻기 위해 우리가 알아야 할 것은 별로 없다. 우리는 오직 청어의 가격만 알면 그뿐이고 청어잡이 어부는 청어의 가격과 청어잡이에 필요한 생산 요소들의 비용, 가격만 알면 그뿐이다. 그 밖에는 아무것도 없다.

결국 시장에서 우리로 하여금 행동하고 무언가를 얻도록 해주는 대부분의 지식은 우리가 그 지식을 안다는 것조차 제대로 인식하지 못하는 그러한 지식이다. 스미스가 『국부론』을 저술한 이후 200여 년이 지나 오스트리아 출신 경제학자였던 프리드리히 폰 하이에크(Friedrich von Hayek)가 이러한 스미스 아이디어의 중요성을 다시 한번 일깨워 주었다. 하이에크에 따르면 시장은 다른 행위자들이 무엇을 하고 있는지 본인이 어떤 환경에 직면해 있는지에 관해 각자가 알아야 할 필요 정보량을 줄여줌으로써 의사결정을 단순화시킨다.[2] 5천만 전체 인구와 관련된 자원 배분 과정의 경우 시장의 이러한 단순화 기능은 더욱 더 중요할 것이다.

이제까지 논의의 요지는 더 높은 가격, 더 높은 수익을 추구하는 이기심이 자원 배분 과정에서 중요한 역할을 수행하고 이를 통해 분권적 의사 결정을 수행하는 개인들 간의 행위가 조정될 것이라는 점이다. 그런데 이후 우리가 살펴볼 동기 부여의 문제에서도 이 자기 이익의 추구가 중요한 역할을 수행한다. 이 문제를 살피기 위해 역사적 에피소드를 하나 소개하도록 하자.

18세기 영국 사회에서 흉악한 범죄를 저지른 죄인들은 당시 영국의 식민지였던 호주로 이송되었다. 영국에서 출발해 호주로 가는 여정은 당시로 보아서는 글자 뜻 그대로 모험이었으며 엄청난 위험이 도사리고 있었다. 변덕스러운 일기에 더해 열악한 식사 및 불결한 선내 환경으로 인해 많은 호송 죄수들이 호주 땅을 밟기도 전에 사망하는 일이 빈번히 발생하였다. 비록 죄인이라고는 하나 이런 식의 희생을 달갑게 여기지 않았던 영국의 사법 당국은 문제 해결을 위해 몇 가지 방안을 고려하였다.

첫 번째 방법으로 감독관을 태워 선장이 죄수들을 잘 돌보고 있는지를 감시하는 것이 제안되었다. 그런데 이 방법에는 문제가 하나 있다. 만일 선장이 감독관을 매수한다면 어쩔 것인가? 이러한 우려를 불식시키는 방법으로 감독관을 감독하는 또 다른 감독관을 배에 태워 보내는 것을 생각해 볼 수 있다. 그러나 여전히 문제가 남는다. 두 번째 감독관이 첫 번째 감독관과 담합을 벌인다면 또 어쩔 것인가? 그렇다고 다시 두 번째 감독관을 감시할 세 번째 감독관을 둘 수도 없는 일이다. 또 똑같은 일이 벌어질 것이기 때문이다.[3] 이를 경제학에서는 무한회귀

2 Hayek, F. A., "The Use of Knowledge in Society", *The American Economic Review*, XXXV(4), 1945.

3 Roberts, R. D., *The Invisible Heart: An Economic Romance*, MIT Press, 2002.

문제(infinite regress problem)라고 부른다.

영국의 사법 당국은 무한회귀문제를 초래하지 않으면서 애초 추구하려 했던 목적, 즉 더 낮은 호송 죄수 사망률을 달성하는 또 다른 방법을 마침내 찾게 되었다. 그것은 호주까지 여행에서 살아 남은 죄수의 수에 비례하여 선장에게 운임 서비스 요금을 지불하는 방법이었다. 이 방법에 따른다면 선장은 그 누구의 감시나 강제 없이도 자기 이익을 위하여 가능한 한 많은 죄수를 살리려고 최선을 다할 것이다. 이 경우 선장은 호송하는 죄수들을 잘 돌보도록 외부로부터 강압당하는 대신 스스로 그렇게 행동하도록 자신을 강제할 것이다.

경제학자들은 그 누구보다도 특정한 행위를 수행하도록 동기 부여하는 인센티브(incentives)의 중요성을 잘 인식하여 왔다. 올바른 제도를 만든다는 것은 다름 아니라 인센티브 구조를 잘 설계함으로써 사람들의 행동을 더 높은 성과로 유도하는 일이다. 마치 영국의 사법 당국이 선장에 대한 새로운 보수 체계를 도입함으로써 자기 이익을 추구하는 선장 스스로가 더 낮은 사망률 목적을 달성하는 것처럼 말이다.

자기 이익을 가장 잘 아는 이는 다름 아닌 자기 자신이다. 따라서 각 개인들에게 자유를 부여한다면 그는 누구보다도 최선을 다해 자신의 처지를 개선할 것이고 이 과정에서 사회는 번영에 이르게 된다. 그런데 시장이야말로 바로 그러한 경제적 자유, 즉 거래의 자유를 허용하는 거의 유일한 경제 제도이다. 따라서 시장은 바로 도저히 치유 불가능한 자기 이익이라는 인간의 맹목적인 열정을 오히려 잘 활용함으로써 문명을 발전시킨다. 결국 이기심은 조정의 문제뿐 아니라 동기부여의 문제에도 훌륭히 효과를 발휘한다. 스미스는 이러한 시장의 기능을 '자연의 기만(Nature's deceit)'이라고 불렀다.

> 하늘이 노하여 야심을 불어넣은 가난한 사람의 아들이 주위를 둘러보면 곧 부자들의 처지에 부러움을 느끼게 된다 … 그는 공상 속에서 사회적으로 지

> 위가 높은 사람들의 생활이 자신의 생활처럼 보이고, 이에 도달하기 위해 부와 권세를 추구하는 데 자신의 모든 것을 영원히 바친다. 이런 생활이 가져다주는 편리함을 얻기 위해 그는 자신의 노력이 시작되는 첫해부터 전 생애에 걸쳐 겪게될 것보다 더 많은 육체적 피로와 정신적 불안을 감수한다 … 아주 나이가 들어 드디어 그것을 얻었을 때가 되어서야 그것 때문에 포기했던 소박한 안전이나 만족보다 더 나은 것이 없다는 것을 깨닫게 된다.
> … 자연이 이렇게 우리를 기만하는 일은 올바른 일이다. 인류에게 근면성을 일깨워 주고 이를 계속하게 하는 것이 바로 이 속임수이다. 태초에 인류를 부추겨 땅을 경작하게 하고, 집을 짓게 하며, 도시와 국가를 건설하게 하고, 과학 기술을 발명하고 개량하게 하는 것도 바로 이것이다.[4]

시장이 개인들의 활동을 조정하고 개인에게 동기부여를 제공하는 과정이 오직 시장의 가격에만 의존한다는 사실은 주목할 만하다. 소비자 선호 변화로 인한 수요의 변화나 기술혁신으로 인한 생산비용의 하락 등과 같은 시장 여건의 변화는 오직 가격의 변화를 통해서만 자기 이익을 추구하는 시장 참가자들의 결정에 영향을 미친다. 경제학자들은 이를 파라미터 조정(parameter coordination)이라고 부른다. 이러한 파라미터 조정 과정이 사회에 대해 갖는 함의는 매우 중요하다.[5]

첫째, 파라미터 조정의 결과 시장 지배적 사회에서 개인은 이제 가격을 통해서 의사결정을 내리게 되므로 타인과 대면할 필요가 없어진다. 시장의 익명적 관계(anonymous relations)는 바로 이 점과 관련된다. 그런데 개인들 간의 익명성, 혹은 상호 무관심이야말로 시장의 해방적 성격을 잘 보여준다. 왜냐하면 시장사

---

4 Smith, A., *The Theory of Moral Sentiments*, Cambridge University Press, 2002.

5 Gauthier, D. P., *Morals by Agreement*, Oxford University Press, 1986.

회의 몰개성(impersonality)은 사회 내 개인을 정서적 유대적 관계로부터 해방시키기 때문이다. 비시장사회에 대해 시장사회가 갖는 이점은 상호 무관심을 상호 혜택으로 전환시키는 능력이다.

둘째, 파라미터 조정이 지배적일 경우 다원주의 사회가 성립 가능하다. 다원주의 사회란 서로 화해하기 힘든 다양한 신념 체계를 가진 사람들이 모여 사는 사회이다. 현대 윤리학이 직면하고 있는 가장 중요한 문제 가운데 하나는 개인들 저마다의 자율성을 보장하면서도 동시에 사회적 통합과 조화를 성취해내는 방법을 찾는 일이다. 그러나 보이지 않는 손이 개인적 이득과 사회적 선을 일치시킬 수 있다면 이제 도덕과 윤리의 도움 없이도 현대 윤리학이 제기한 문제가 해결될 수 있다. 왜냐하면 가격 메커니즘이 윤리와 도덕을 대체하기 때문이다. 따라서 만일 시장이 잘 작동한다면 사회 내에서 도덕은 아무런 역할을 갖지 못한다. 시장사회에서 인간은 비도덕적이 아니라 무도덕적이 될 것이다. 시장은 일종의 도덕 해방 지역이다.

이 두 가지 시장적 조정의 함의는 다름 아닌 영국의 전 수상 M. 대처에 의해 언급된 바 있다. 그녀는 한 기자와의 인터뷰에서 "이 세상에서 사회라는 것은 존재하지 않는다(There is no such thing as society)."라는 언급을 행한 바 있다. 비록 다른 맥락에서 행해졌지만 그녀의 이 말은 "개인들은 오직 가격을 통해서만 서로 관련을 맺는 익명적 존재이며 이러한 개인을 초월한 사회라는 것은 존재하지 않는다."라는 의미로 재해석될 수 있다. 또한 그녀는 "대안은 존재하지 않는다[There is no alternative(TINA)]."라는 말도 남겼는데 이 역시 우리 논의의 맥락에서 이해하자면 오직 시장적 조정만이 개인들에게 선택의 자유를 허용하면서 동시에 사회적 성과를 달성할 수 있는 유일한 수단임을 의미한다.

시장의 실패

시장이 인간에게 제공하는 유용한 성과에도 불구하고 시장은 애초 기대되었던 목적을 달성하는 데 실패하는 경우가 자주 발생한다. 첫째, 시장은 모든 사회적 비용이나 편익을 포괄할 수 없다. 한 철강 기업이 철강을 생산하면서 이산화황이라는 오염물질을 정화 없이 그냥 대기에 배출하였다고 가정해보자. 이로 인해 철강 기업 주변에 거주하는 주민들 대다수가 호흡기 질환을 앓게 되었다. 이 기업은 철강 수요자와의 시장 거래 계약을 위해 철강을 생산한다. 시장은 철강 생산자와 철강 소비자와의 관계에서 발생하는 이득과 편익은 정확히 계산하지만 제3자인 인근 주민들이 겪는 비용은 계산에 포함시키지 못할 것이다. 왜냐하면 철강 생산자인 기업은 생산량을 결정하면서 기업 주변에 거주하는 주민들의 피해를 생산비용에 포함시키지 않기 때문이다. 결과적으로 철강 기업은 사회적 최적 수준에 비해 철강을 과다하게 생산하게 된다. 모든 경제학 교과서에 나오는 이 사례를 경제학자들은 외부효과(external effects)라고 부른다. 외부효과가 발생하는 근본적 원인은 시장 경제 내의 각 개인이 오직 분권적으로만 의사결정을 내리기 때문이다.

분권적 의사결정이 가져오는 조정실패(coordination failures)의 고전적 사례 가운데 하나로 유명한 것이 수인의 딜레마(prisoner's dilemma)이다. 서로 분리 감금되어 조정의 여지가 없는 상황에서 각자는 자기 이익을 위해 타인을 배신하는 전략을 선택하게 된다. 둘 모두가 배신 전략을 지배적 전략으로 선택하게 된다면 서로 협력 전략을 선택하였을 경우보다 성과가 떨어진다는 것이 이 게임의 결론이다. 이러한 게임 결과는 게임 참가자가 합리적이고 이기적일수록 스미스의 예측과는 달리 사회 전체의 보수가 감소한다는 함의를 제공한다. 이 경우 개인의 이기심과 사회적 선을 잇는 보이지 않는 손이 실종된 셈이다. 기후 온난화 문제를 해결하기 위해 여러 나라들이 협상을 벌일 경우 합의가 어려운 것도 각자

자국의 이익만을 생각하는 국가들 때문에 조정실패가 발생하기 때문이다. 외부 효과와 조정실패의 존재는 '**시장의 협소함**'을 잘 보여 준다.

둘째, 시장에서는 정보가 편중되어 있다. 사회학자 R. 티트무스는 만일 시장이 그렇게 자원을 배분하는 데 효율적이라면 왜 합법적인 혈액 시장은 존재하지 않는가라는 의문을 제기한 바 있다.[6] 만일 시장에서 혈액이 거래된다면 판매자 가운데 일부는 금전적 동기 때문에 감염된 혈액을 판매할 유인을 가질 수 있다. 이처럼 타인의 무지로부터 이득을 얻어내는 행위가 가능한 이유는 혈액의 감염 여부를 오직 판매자만 알 수 있을 뿐이고 구매자는 모른다는 점이다. 이를 경제학자들은 정보의 비대칭성 문제(asymmetric information problem)라고 부른다.[7]

이제 기아선상에 허덕이는 아프리카 주민들을 당신이 돕기로 결심하였다고 생각해보자. 당신은 결심을 이행하기 위해 영리 기업에 돈을 지불하고 그 기업으로 하여금 아프리카 주민들을 돕도록 계약을 맺을 수 있다. 그러나 과연 영리 기업이 당신과의 약속을 충실히 이행할지는 의문이다. 구매자와 수혜자가 다르고 구매자가 판매자의 행동을 관찰할 수 없는 경우 당신은 그 기업이 계약을 잘 이행하고 있는지 알 수 없기 때문이다. 요컨대 당신은 정보 비대칭성이라는 제약에 직면하게 된다. 따라서 시장은 비록 경쟁적이라 할지라도 기업을 규율할 수 없게 된다. 이 경우 당신은 영리 기업이 아니라 유니세프(UNICEF)와 같은 비영리 조직을 통해 당신의 뜻을 실현할 수 있다. 시장 경제 내에서 비영리 조직이 존재하는 이유 가운데 하나가 바로 이러한 정보 비대칭성 때문이다.

제품의 품질에 관한 정보를 갖지 못할 때 판매자는 조악한 품질의 제품을 높은 가격으로 판매하고 폭리를 취할 수 있다. 이러한 경향이 지배적일수록 정직하

6 Titmuss, R., *The Gift Relationship: From Human Blood to Social Policy*, New Press, 1997.

7 Anheir, H. K., *Nonprofit Organization: Theory, Management, Policy*, Routledge, 2005.

게 제품을 판매하려는 생산자는 시장에 참가하기 어려울 것이다. 결과적으로 정직하지 못한 사람들이 정직한 사람을 시장에서 몰아내는 그레샴의 법칙이 등장할 것이다. 경제학자들은 이를 레몬 시장(the market for lemons)이라고 부른다.[8] 이러한 정보 비대칭성의 문제는 '**시장의 (정보) 결핍성**'을 잘 보여준다.

셋째, 시장은 자원을 낭비하는 경향이 있다. 우리는 앞의 절에서 시장이 자원을 효율적으로 배분한다는 사실을 확인한 바 있다. 그러나 비록 시장이 개별 생산자나 소비자로 하여금 자원의 효율적 사용을 강제한다고 하나 그렇다고 해서 시스템 전체 차원에서 자원 낭비를 막아주지는 못한다. 만일 자동차 시장에서 판매량이 부진하다고 가정해보자. 이 경우 자동차 생산 기업들의 재고량은 증대할 것이고 기업들이 팔리지 않는 재고를 처분하기 위해서 가격을 낮추어야만 한다. 그런데 이제 노동시장에서 실업이 발생하였다고 가정해보자. 표준적인 수요 공급 이론에 따르면 이 경우 역시 앞서 자동차 시장의 경우와 마찬가지로 실업을 해소하기 위해 생산자들은 가격을 낮추어야 한다. 즉 노동자들은 임금을 낮추어야 한다.

그러나 J. M. 케인즈는 그러한 아이디어를 정면으로 논박하였다. 그에 따르면 실업은 임금이 너무 높기 때문에 발생하는 문제가 아니라, 생산된 재화에 대한 수요가 너무 적기 때문에 발생하는 것이다. 따라서 만일 문제가 생산물에 대한 수요가 불충분하기 때문이라면 그 해결책은 임금을 낮추는 것이 아니라 높이는 것이 되어야 한다. 더 나아가 케인즈는 자본주의는 수요와 공급의 힘에 의해 실업 문제를 해결할 수 있는 자동적 메커니즘을 가지고 있지 못하다고 주장하였다. 그 결과 시장은 그렇지 않았더라면 유용한 재화를 만드는 데 사용할 수 있었을 귀중한 인적 자원을 낭비하는 경향이 있다. 따라서 시장 경제가 자기 조정 메

8 Akerlof, G. A., "The Market for Lemons: Quality, Uncertainty and the Market Mechanism", *The Quarterly Journal of Economics*, 84(3), 1970.

커니즘을 갖는 자연적 체계라는 스미스의 주장은 의심스러운 것이다. 시장이 비자발적 실업이나 불완전 고용을 동반한다는 점에서 '**시장의 낭비성**'이 드러난다.

넷째, 위기는 시장 경제에 내재적이다. 지난 수백 년 간에 걸친 자본주의 시장 경제의 역사는 다름 아닌 위기의 역사이다. 멀게는 1636년 네덜란드의 튤립 알뿌리 거품으로부터 시작하여 가깝게는 지난 2008년 미국의 서브 프라임 모기지 위기에 이르기까지 무수한 위기로 얼룩져 있는 것이 바로 시장 경제이다. 위기의 내생성은 금융 시장에서 가장 잘 드러난다. 일반 재화의 경우와는 달리 금융 자산의 경우 가격이 상승하면 수요가 감소하는 것이 아니라 오히려 증가한다. 금융 자산에 대한 투기적 수요 때문이다. 만일 저축만으로 자산 구입이 이루어진다면 모를까 가격이 상승하는 자산을 담보로 한 신용이 자산 구입에 동원된다면 이제 시장에 버블이 발생하기 시작한다. 신용 증가와 자산 가격 상승이 결합되는 과정에는 한계가 없으므로 가격은 천정부지로 뛰어오른다. 그러나 지나치게 높은 가격을 사람들이 의심하기 시작한다면 조만간 버블은 붕괴되고 버블의 붕괴는 실물 부문에까지 막대한 피해를 안겨다준다.

중세의 신학자였던 훔베르투스 드 로마니스(Humbertus de Romanis)는 사람을 타락시키는 데 얼마나 많은 수의 악마가 필요한가를 계산하였던 어떤 사람의 이야기를 우리에게 들려 준다. 그가 전하는 이야기에 따르면 아무리 큰 시장이라 할지라도 시장에 참가한 모든 사람을 타락시키기 위해 필요한 악마의 수는 단 한 마리에 불과하다.[9] 시장에서 물건을 사고파는 모든 사람들은 물욕에 눈이 어두운 사람들이므로 쉽게 악마의 유혹에 빠지기 때문이다. 스미스는 이기심과 탐욕이라는 열정을 인간 사회의 진보에 필수적인 동력으로 간주하였지만 금융 위기의 사례에서 잘 보여지는 것처럼 이러한 열정은 종종 사회가 제어할 수 없는 지경에

9 Heilbroner, R. L. and W. Milberg, *The Making of Economic Society*, Prentice Hall, 2007.

까지 이른다. 앞서 검토한 노동시장에서의 실업과 더불어 금융 시장에서의 위기의 빈번한 발생은 '**시장 경제의 불안정성**'을 여실히 보여준다.

다섯째, 시장은 구매력을 가진 자들의 요구만을 존중한다. 시장에서 작동하는 힘 가운데 하나인 수요는 이미 구매력을 갖춘 사람들의 구매 의사라는 점을 다시 떠올릴 필요가 있다. 이 점을 충격적으로 보여준 현실 사례 하나를 소개해 보기로 하자.[10] 사하라 이남의 아프리카는 경제 성장이 더디기로 유명하다. 낮은 성장률과 관련해 여러 가지 원인을 찾아볼 수 있겠지만 그중 하나가 수면병(sleeping disease)과 같은 풍토병의 존재이다. 체체 파리가 그 바이러스를 옮기는 이 병은 일단 감염되면 잠만 자다가 결국에는 생명을 잃게 되는 치명적 질병이다. 1990년대 서방의 한 제약회사는 이 병 치료에 탁월한 치료제인 에플로니틴(eflornithine) 개발에 성공하였다. 그러나 치료제가 있다는 것과 수면병에 걸린 아프리카 주민들이 치료될 수 있다는 것은 별개의 문제였다. 요컨대 이 경우 아프리카 주민들은 약의 구입 비용을 감당할 수 없을 만큼 가난하다는 것이 문제였다. 2001년 이 약품은 바니카(Vaniqa)라는 이름으로 판매되었는데 바니카는 아프리카 주민들의 수면병 치료를 위해서가 아니라 서구 여성들의 얼굴에 난 솜털을 제거하기 위한 약이었다.

결국 생명에 기본적이고 생활에 필수적인 재화조차도 만일 그것이 수익성을 보장해주지 않는다면 시장은 그 재화의 공급을 거절한다. 선거에서의 1인 1표 투표(One man, One vote)와는 달리 시장에서의 1원 1표 투표(One dollar, One Vote)는 소비자의 지불의사(Willingness To Pay)에 기반한 자원 배분이 얼마나 기만적인가를 일깨워 준다. 에플로니틴의 사례와 그와 관련된 함의는 '**시장의 비민주성**'을 잘 보여준다.

10 Scotchmer, S., "Standing on the Shoulders of Giants: Cumulative Research and the Patent Law", *The Journal of Economic Perspectives*, 5(1), 1991.

여섯째, 시장은 인간을 이기적으로 만든다. 최근 행동 경제학(Behavioral economics)은 일련의 흥미로운 실험들을 통해 인간 행동의 다양한 동기를 이해하기 위해 노력하고 있다. 우리 논의와 관련해 이 가운데 공공재 게임(public good game)을 살펴보기로 하자. 이 게임에서 N명의 참가자들은 일정한 금액을 미리 분배받고 이 가운데 일부를 공공기금에 기부하도록 되어 있다. 모아진 공공기금을 다시 두 배로 불려 이를 다시 참가자들에게 1/N로 나누는 것이 게임의 규칙이다.

만일 주류 경제학에서 가정하는 것처럼 인간이 합리적이고 이기적이라면 모든 게임 참가자들은 무임 승차자로 행동하여야 한다. 즉 이 경우 한 푼도 기부하지 않는 것이 한 개인으로서는 최선의 선택이다. 그러나 실험에 참가한 대부분의 사람들은 자기 소득의 일정 비율을 실제로 얼마간 기부한다. 그런데 이 실험을 대학 내 여러 학과 학생들을 대상으로 실시할 경우 특정 그룹의 기부율이 기존 평균과는 다르게 현저하게 저하되는 것을 경제학자들이 발견한 바 있다.[11] 바로 경제학이나 경영학을 전공으로 하는 대학생들이었다.

아마 이들도 경제학이나 경영학을 공부하지 않고 다른 학문을 공부하였더라면 다른 학과의 학생들처럼 평균 수준의 기부율을 제시하였을 것이다. 그러나 경제학과에 입학하면서 졸업할 때까지 지속적으로 인간은 합리적이고 이기적인 존재라는 학습에 참가한다면 이제 이들은 이기적인 행동을 자연스러운 것으로 수용하고 스스로가 그렇게 행동하게 된다. 일반적으로 사람들은 최초의 가정에 더욱더 노출될수록 그 가정에 부합하는 행동을 수행하는 경향이 있다. 이 경우 경제학이 인간 행동을 예측하는 것이 아니라 인간 행동의 가이드라인을 제공한다. 다시 말해 극단적인 경우 경제학 이론의 역할은 예측이 아니라 학습일 수 있

---

11 Maxwell, G. and A. Ruth, "Economists Free Ride. Does Anyone Else?: Experiments on the Provision of Public Goods", *Journal of Public Economics*, 15(3), 1981.

다. 양궁선수들은 과녁을 향해 화살을 쏘지만 경제학자들은 화살을 먼저 쏘고 화살이 떨어질 것으로 예측되는 점에 과녁을 가져다둔다는 것이다.

앞서 우리는 시장의 장점 가운데 하나가 사회적 상호작용에 참가하기 위해 애정적 유대 관계를 개발할 필요를 절약해준다는 점을 언급한 바 있다. 그러나 이러한 시장의 해방적 성격은 사회 구성원들로 하여금 진정으로 애정적인 유대 관계를 형성할 잠재력을 저하시키고 원자적 인간관계를 필요 이상으로 조장할지도 모른다.[12] 그 결과 시장은 인간 사회의 미덕을 대체하기 시작한다. 예를 들어

> 모든 것이 사고파는 대상이 되면, 자발적으로 남에게 시간을 내어주는 사람, 낯선 이를 돕는 사람, 공공선을 위해 얼마 안 되는 돈으로도 일하겠다고 나서는 사람, 아무도 보지 않을 때도 쓰레기를 버리지 않는 사람, 정당한 비용을 지불하지 않고서도 덩달아 이득을 볼 수 있는 기회를 그냥 흘려보내는 사람들이 마치 속고 사는 듯한 기분을 느끼기 시작할 것이다.[13]

이러한 논의는 시장 비판의 강력한 논거 중 하나이며 동시에 '**시장의 비도덕성**'을 잘 보여주는 대목이기도 하다.

시장의 조절

앞서 시장 실패에 관한 논의는 시장에 대한 규제의 필요성과 그 수단에 대한 검토로 우리를 이끈다. 첫째, **현실의 시장은 불순성의 원리(The Principle of**

12 Gauthier (1986), *ibid*.

13 Kuttner, R., *Everything for Sale: The Virtues and Limits of Markets*, Knopf, 1997.

Impurity)에 기반해 있다. 이 원리에 따르자면 시장사회는 시장만으로 구성될 수 없으며 시장 이외 다른 이질적 요소와의 결합을 통해 오히려 시장이 잘 작동할 수 있다. 이질성이야말로 시장이 자라나기 위한 가장 비옥한 토양이라는 아이디어는 부분적으로 호지슨으로부터 기인한다.[14]

사실 우리가 살고 있는 이 사회는 사적 부문으로만 이루어진 것이 아니라 공적 부문 또한 존재한다. 국가로 표현되는 공적 부문은 시장경제가 외부효과에 의해 압도당하지 않도록, 혹은 심각한 경제 위기에 직면하는 것을 막기 위해, 그리고 사회적으로 필수재라고 인정되는 재화의 공급을 위해 다양한 경제 정책을 펼 수 있고 이를 통해 시장경제를 제어 혹은 규제한다. 한편 사적 부문 내에서도 비단 시장뿐 아니라 조직 역시 존재한다. 시장 거래 그 자체에 많은 비용이 수반될 경우[이 경우 경제학자들은 거래비용(transaction costs)이 높다고 말한다.] 시장이 아니라 위계와 같은 조직이 대신 출현하여 경제 문제를 해결한다. 또한 조직 가운데에서도 영리 기업이 존재하는가 하면 비영리 조직(NPO) 역시 존재한다. 특히 후자는 앞의 절에서 언급하였듯이 정보 비대칭성과 같은 시장 실패가 발생하는 경우 문제 해결의 중요한 실마리를 제공한다(다양한 사회 구성과 관련하여 그림을 참조할 것). 따라서 불순성의 원리에 따르자면 대처 식의 TINA보다

사회의 다양한 구성: 불순성의 원리

14 Hodgson, G. M., *Economics and Utopia*. Routledge, 1999.

TATA(There are thousands of alternatives)가 현실에 보다 근접한 진실인 셈이다.

둘째, 제도는 합리성 함정(rationality trap)으로부터 사람들을 구해낸다. 오디세이는 사이렌의 유혹으로부터 자신을 보호하기 위해 스스로 배의 돛에 자신을 결박하였다. 이와 유사하게 종종 자기 선택에 제약을 가하는 것이 순수하게 합리적이고 이기적인 인간으로만 구성된 사회가 무임승차(free-riding)와 같은 합리성 함정에 빠지는 것을 미연에 예방할 수 있다. 이 경우 사회는 제도를 통해 자신을 보호하는데 이러한 제도 가운데 하나가 사회 자본(social capital)이다. 사회 자본은 협력이라는 공공재를 공급함으로써 수인의 딜레마 문제를 해결하는 수단을 제공한다. 이 특수한 자본은 연대나 신뢰, 규범 등으로 구성되며 상호 이익을 위한 조정을 수행한다. 특히 이 자본 형태는 물적 및 인적 자본의 투자 수익성을 높여줌으로써 우회적으로 경제적 성과를 개선시키는 것으로 알려져 있다.[15]

사회가 보유하는 또 다른 제도 형태로 공동체 내부의 관행이나 관습을 생각해 볼 수 있다. 정치학자 E. 오스트럼은 평생에 걸쳐 무임승차자 문제가 가장 극명하게 드러나는 공유자원(common pool resources) 관리의 다양한 사례들을 연구하였다.[16] 이를 통해 그녀는 공동체 내부에서 자생적으로 발생하고 진화해온 관습이 시장의 거래나 정부의 규제 보다 더욱 더 효과적으로 사회 공동 자원의 남용을 막을 수 있다는 점을 훌륭하게 보여주었다.

셋째, 윤리나 도덕 역시 시장의 성과를 높이는 기능을 발휘한다. 타이타닉 호가 빙산에 부딪혀 침몰하는 순간을 떠올려보자. 불행하게도 배 안의 모든 사람들을 수용할 만큼 구명보트의 수가 충분하지 않았기 때문에 구출될 사람을 선별할 수밖에 없는 상황이었다. 이 상황은 희소한 구명보트라는 자원을 사람들에게

15 Putnam, R., "The Prosperous Community: Social Capital and Public Life", *The American Prospect*, 13(Spring), 1993.

16 Ostrom, E., *Governing the Commons: The Evolution of Institutions for Collective Action,* Cambridge University Press, 1990.

배분하는 자원 배분의 관점에서 검토될 수 있다. '최적의 자원 배분' 결과를 얻기 위해서라면 경제학자들이 제안하는 시장적 수단을 동원할 수 있다. 다시 말해 구명보트의 탑승권을 경매에 붙여 지불의사가 가장 높은 사람 순서대로 탑승을 허용하는 것이다.

그러나 많은 사람들은 이러한 방법이 정당하지 못하고 비윤리적이라고 주장한다. 실제 타이타닉 호의 경우에서도 사회적 규범이 자원 배분의 원리로 사용되었다. 즉 이러한 재난에 직면하여 사람들은 어린아이와 여자부터 탑승 기회를 우선적으로 배분하는 규범을 따랐다(아래 표 참조).

타이타닉 호 구조자 내부 구성[17]

	남자 성인	남자 어린이	여자 성인	여자 어린이
1등석	33	전원	97	전원
2등석	8	전원	86	전원
3등석	16	27	46	45

이러한 사회 윤리나 도덕은 모든 이들이 수용하는 행위 규칙이므로 타이타닉 호의 경우처럼 긴급한 상황에서 자원이 배분될 경우 조정비용이나 거래비용을 크게 줄여줄 수 있다. 비록 칸트 식의 윤리는 행위의 결과와 무관하게 선험적으로 주어지는 것이지만 이들 윤리가 결과적으로 사회 성과에 영향을 미치는 것을 부정할 수 없다. 특히 사회 윤리는 수인의 딜레마 상황에서 사람들로 하여금 협력과 같은 특정한 행동을 따를 것을 공약함으로써(commitment) 시장 계약의 내생적 강제 기제(endogenous enforcement mechanism)로도 기능한다.[18]

17 Garret, R., *Atlantic Disasters: The Titanic and Other Victims of the North Atlantic*, Buchanand Enright, 1986, p. 94.

18 Gauthier, D. P. and R. Sugden, *Rationality, Justice and the Social Contract:*

넷째, 여러 학문 가운데 특히 **인문학 역시** 앞서 언급한 제도나 윤리의 기능과 유사한 **조정 역할을 수행할 수 있다.** 이는 인문학이라는 학문이 갖는 고유한 속성에 기인한다. 일반적으로 사람들은 자기 친구의 절박한 상태를 떠올리거나 자기 행동이 이웃에게 미칠 부정적 효과를 고려할 때, 그리고 자기 행동이 가져다 줄 전체의 이해를 절감할 때, 이기적인 행동 대신 타인을 고려한 행동을 선택할 것이다. 그런데 사람들은 공감(sympathy)과 상상력(imagination), 그리고 성찰(reflection)을 통해 개인의 의사결정 과정에서 타인을 고려하게 되고 그 결과 그렇지 않았더라면 발생하였을지도 모를 무임승차자의 문제나 외부효과 문제가 완화되거나 해결될 수 있다. 한편 공감, 상상력, 그리고 성찰과 같은 가치들은 대체로 인문학 분야에서 공유되는 가치들이다. 따라서 전체 인구 가운데 인문학적 소양을 갖춘 사람들의 비중이 증대할수록 그 사회는 조정 문제를 보다 쉽게 해결할 수 있을 것이다.

이 절에서 우리가 검토한 시장이 초래하는 여러 문제들의 해결 수단들은 시장을 대체하는 것이라기보다는 시장을 보완하는 것들이라고 보아야 한다. 시장 경제가 더욱 확산되고 지배적이 될수록 시장 경제의 정상적인 작동을 위해서라도 비시장적 요인, 제도, 윤리, 그리고 인문학들이 요구되기 때문이다.

에필로그: 아프리카의 두 나라 이야기

최근 아프리카에서 발생한 두 가지 사례를 음미하고 이를 통해 시장에 대한 우리의 이해와 무지를 다시 확인하면서 이 글을 마치도록 하자. 첫 번째는 짐바브웨(Zimbabwe) 이야기이다. 짐바브웨는 아프리카 남동부에 위치한 인구 1,100

Themes from Morals by Agreement, University of Michigan Press, 1993.

만 명의 나라이다. 이 나라는 로버트 G. 무가베라는 독재자의 통치를 30년 넘게 받아오고 있다. 최근 무가베는 물가가 너무 높다며 모든 상품 값을 절반 넘게 강제로 인하하는 경제 정책을 시행하였다.

이 경우 재화에 대한 초과 수요(shortage)가 발생한다는 점은 경제학 원론을 공부한 사람이라면 누구나 쉽게 이해할 것이다. 낮아진 가격하에서 수익성이 맞지 않게 된 기업들은 재화 공급량을 감축할 것이고 소비자들은 제품 수요를 증대시키기 때문이다. 따라서 시장에서는 상품이 바닥나게 되고 재화 가격이 폭등하기 시작한다. 특히 식량과 같은 생존에 필수적인 재화의 공급이 급격하게 하락함으로써 빈민들은 더욱더 큰 고통에 빠지게 되었다. 짐바브웨가 겪은 기록적 하이퍼 인플레이션(hyper inflation)은 기네스북에 오르기까지 하였다(기네스 증서에 명시된 짐바브웨의 물가 상승률은 41,900,000,000,000,000,000%였다).

짐바브웨의 사례는 우리에게 중요한 교훈을 한 가지 제공한다. 국회에서 설사 중력을 폐지하자는 법안이 통과되었다 하더라도 중력이 여전히 존재하듯이, 법령으로 시장의 수요 공급 법칙을 억압한다 할지라도 시장은 여전히 작동할 것이며 짐바브웨의 사례에 보듯이 오히려 우리에게 반격을 가해올 것이다.

두 번째는 말라위(Malawi)의 이야기이다. 말라위는 앞서 이야기한 짐바브웨의 주변에 위치한 나라이다. 아프리카 남동부에 위치한 인구 1,300만 명의 이 나라 또한 여느 다른 아프리카 국가처럼 만성적인 식량난으로 큰 고통을 겪어 왔다. 그런데 수 년 전 세계에서 가장 가난한 이 나라에 기적이 찾아왔다. 2007년 말라위는 3,400만 톤의 옥수수를 생산해냄으로써 빈곤의 굴레를 벗어나는 데 필요한 도약 마련에 성공한 것이다. 이러한 성공의 비결은 다름 아닌 비료였다. 말라위 정부는 비료 생산 기업에 보조금을 지급하였고 그 결과 비료 공급량이 증대하였으며 이는 말라위의 농업 생산성을 높이는데 결정적인 역할을 수행하였다.

이러한 말라위의 성공은 1980~1990년대 세계은행이 거듭하여 비료 보조금

폐지 권고를 무시하였기에 더욱 의미가 깊었다. 세계은행은 말라위가 직접 식량을 생산하는 대신 환금작물 재배에 집중하고 이를 판매하여 얻은 외화로 식량을 수입한다는 발전 전략을 제안하였다. 말라위의 사례는 앞서 짐바브웨의 사례 못지않게 시장에 관한 중요한 교훈을 내포하고 있다. 만일 말라위가 세계은행의 권고를 충실히 따르고 시장의 법칙들을 존중하였더라면 여전히 빈곤상태에 머무르고 있을 것이다.

짐바브웨는 시장 법칙에 적대적 태도를 취하는 것이 얼마나 큰 비용을 초래하는가를 잘 보여주는 사례이다. 반면 말라위는 오히려 시장 법칙을 위배함으로써 커다란 성공을 거둔 사례이다. 왜 똑같이 시장에 대적하였지만 짐바브웨는 실패하고 말라위는 성공을 거두었을까? 왜 우리는 아직도 아프리카 두 나라 사례 모두를 설명할 수 있는 단일한 시장 이론을 가지고 있지 못하는 걸까?(현재 우리가 가지고 있는 주류 경제학 이론으로는 짐바브웨의 실패는 예측할 수 있지만 말라위의 성공은 예측할 수 없다.)

이러한 질문들에 대한 솔직한 답변은 '우리는 여전히 시장에 대해 많이 모르고 있다.'라는 것이다. 시장에 대한 우리의 지식이 보다 축적되고 정교해질수록 우리는 시장이 작동하는 방식이나 그 작동을 위해 요구되는 조건이 무엇인지를 보다 명확하게 이해할 수 있을 것이다. 언젠가 케인즈는 만일 세상이 파멸한다면 그것은 **사악함** 때문이 아니라 **어리석음** 때문이라고 지적한 바 있다.[19] 시장에 대한 우리의 어리석음을 깨치는 것이 우리가 살고 있는 이 장소를 보다 나은 세상으로 만드는 작업의 첫걸음일 것이다.

---

19 Skidelsky, R., *John Maynard Keynes, 1883–1946: Economist, Philosopher, Statesman*, Penguin, 2005.

더 읽을거리

로버트 L. 하일브로너, 『세속의 철학자: 위대한 경제사상가들의 생애, 시대와 아이디어』, 장상환 역, 이마고, 2008.

도메 다쿠오, 『지금 애덤 스미스를 다시 읽는다: 도덕 감정론과 국부론의 세계』, 우경봉 역, 동아시아, 2010.

제리 멀러, 『자본주의의 매혹: 돈과 시장의 경제 사상사』, 서찬주 외 역, 휴먼앤북스, 2006.

칼 폴라니, 『거대한 전환: 우리 시대의 정치 경제적 기원』, 홍기빈 역, 길, 2009.

| 세 번째 강의 |

시장, 국가, 시민사회 그리고 공공영역으로서의 복지*

-김석수(경북대학교 철학과)

들어가는 말

칸트의 주장처럼 인간은 타인의 간섭으로부터 벗어나 마음대로 살고 싶은 존재이면서 동시에 또한 타인과 더불어 살아가고자 하는 "비사회적 사회성(ungesellige Geselligkeit)"을 지닌 존재이다.[1] 인간의 이와 같은 현상은 인간이 살아온 과거의 삶의 양식 속에서 얼마든지 발견된다. 일반적으로 전근대인의 삶의 양식에는 절대적 타자에 참여하여 개인들이 서로 교제하면서 그를 모방하고 따르는 형태가 지배적이었다. 따라서 고대 · 중세인의 삶에서는 인간 개인이 국가

* 이 글은 「국가, 시민사회, 그리고 공공영역으로서의 복지 - 복지와 국가의 관계에서 본 우리 사회」(사회와 철학 연구회 편, 『사회와 철학』 제10권(2005.10.30))로 발표된 글을 일부 수정하여 재수록함.

1 I. Kant, *Idee zu einer allgemeinen Geschichte in weltbürgerlicher Absicht*, in W. Weischedel(Hrsg.), Kant Werke Band 9, Wissenschaftliche Buchgesellschaft, 1983, 37-39쪽 참조.

라는 보편자 속에서 자신의 존재를 유지하고자 하는 것이 일반적 경향이었다. 그래서 이 시대에는 가부장적 국가관이 주도적인 현상으로 나타났다.

그러나 개인 자신이 주체가 되지 못하고 항상 원본으로서의 타자에 참여하여 그를 모방하려고 하는 태도에는 이미 자신을 예속시키는 불행이 자리하고 있었다. 그래서 아도르노는 신화는 이미 계몽을 기약하고 있다고 주장하였다. 근대적 주체는 타자 속에서 자신의 존재 근거를 마련하기보다는 오히려 타자를 의심하고 스스로 정립함을 통하여, 그리고 자기 자신의 생산적 활동을 통하여 자기 안에서 자신의 존재 근거를 마련하고자 하였다. 국가 역시 이런 흐름 속에서 그 자체가 더 이상 목적의 위상을 지니지 못하고 개인의 자유와 재산을 보호해주는 수단적 가치로 격하되었다. 이 과정에서 사적 이익을 추구하는 사회(시민사회)는 국가로부터 벗어나 국가에 영향을 미치는 중심적 역할을 하게 되었다. 이와 같은 상황은 홉스, 로크, 흄 등으로 이어지는 시민사회론에서 잘 등장하고 있다.

그러나 근대 이후의 이와 같은 삶의 양식에는 이미 개인들 스스로를 고립시키고 도구화시키는 물화현상이 심화되지 않을 수 없었다. 아도르노의 주장처럼 계몽은 또 한 번 신화의 늪에 빠져들게 되었다. 바로 이와 같은 급격한 변화 상태를 목격한 헤겔은 추상적 보편성(가족)에 근거하고 있는 고대적 국가도 추상적 개체성(시민사회)에 근거하고 있는 근대적 국가도 모두 보편성과 특수성이 변증법적으로 지양된 인륜성(Sittlichkeit)의 단계에 이르지 못했음을 비판하였다.[2] 그러나 헤겔을 비판한 마르크스는 국가를 한 사회가 자기모순에 빠져 스스로 이 모순을 해결할 수 없어 마지못해 출현하는 것으로 보며, 그래서 "국가의 목적은 그의 개인적 목적, 즉 승진 경쟁이나 출세주의 형태의 사적 목적으로 전락하게 된다."라고 비판하였다.[3] 아울러 그는 진정한 사회는 자연스럽고 필연적인 욕구로

2 G. W. F. Hegel, *Grundlinien der Philosophie des Rechts,* in Hegel Werke, Band 7, Frankfurt a.M.: Suhrkamp, 1986, 261절 참조.

3 K. Marx, *The Early Texts*, edited by D. McLellan, Oxford, 1971, 69쪽.

결합된 차원을 넘어 보편적인 교류(Verkehr)와 연대(Verbindung)의 차원으로 나아가야 한다고 보았다.[4]

다원주의 시대를 살아가고 있는 오늘의 우리는 더 이상 개인이 전체 속에 귀속되는 유기체적 세계관이나 전체를 개인들의 욕망의 합산으로 처리하는 원자적 세계관을 받아들이지 않는다. 우리는 이제 절차적 보편주의나 다원주의를 통해서 개인과 전체 사이에 상생(相生) 관계를 모색하려고 한다. 특히 오늘날 신자유주의와 더불어 세계화가 확산되면서 과거와 같은 국가주의는 더 이상 버티기 어려운 실정이다.

이처럼 시대가 흐름에 따라 국가의 위상도 변천해왔다. 우리의 상황 역시 예외가 될 수 없다. 우리의 20세기 현대사는, 특히 1987년 6월 항쟁 이전의 역사는 유기체적이고 가부장적인 국가관이 지배적으로 자리하고 있었다. 제국주의의 침략 앞에 살아남기 위한 '저항의 시대'이자, 전쟁의 잿더미에서 다시 일어서야 했던 '건설의 시대'였던 우리의 20세기는 무력주의와 국가주의의 결탁을 용인하도록 만들었다. 이렇게 '저항민족주의'와 '건설민족주의'라는 이름 아래 전개된 우리의 현대사에는 개인의 권리와 자유가 제대로 자리할 수가 없었다. 강한 민족, 강한 국가를 만들어야 한다는 민족절대주의, 국가절대주의 아래 개인의 자유와 권리는 희생되지 않을 수 없었다.

이승만 자유당 정권에서부터 박정희 군사정권을 거쳐 전두환-노태우 신군부 정권에 이르기까지 한국의 현대사에 자리하고 있었던 국가는 '반공주의 = 안보주의 = 산업주의 = 군사주의'라는 등식 아래서 국민의 몸과 정신을 옭아매고 길들였다. 이와 같은 현상은 국민교육헌장과 새마을운동에 잘 나타나 있다. 당시의 군사정권은 정신적으로 국가를 숭배하도록 이념 무장을 시키고, 몸으로 국가를 위해 노동하도록 운동을 전개하였다. 극도의 억압과 가난의 시대에는 이처럼 국

4 *Karl Marx & Friedrich Engels Werke*, Bd. 3, Berlin: Dietz Verlag, 1956–83, 35쪽 참조.

가를 중심으로 대동단결하는 것이 당연히 요구될 것이다. 그러나 이를 핑계로 어떤 국가나 민족이 부당한 권력을 행사하고 국민을 유린하였다면 그 민족주의는 반역의 민족주의이며, 그 국가주의는 파시즘의 국가주의가 아닐 수 없다. 또한 그로부터 형성된 역사는 빈곤의 역사가 아닐 수 없다.

하지만 오늘을 살아가는 우리에게 이런 국가는 더 이상 존재할 이유도 없고, 또 존재해서도 안 된다. 정말이지 국가는 인간의 억압 공간이 아니라 복지의 공간이어야 한다. 따라서 오늘날 우리에게 중요한 것은 국가가 바람직한 복지를 실현하기 위해서 개인과 어떤 관계에 놓여있어야 하느냐는 점이다. 사실 복지에 무관심한 국가도 문제이지만, 과다복지주의로 인하여 개인에게 지나치게 간섭하는 것도 문제이다.[5] 오늘날 세계는 국가의 복지 이행 문제와 관련하여 다양한 양상들이 전개되고 있다. 한편에서는 국가가 복지를 적극적으로 수행하기 위해서 개인들의 삶을 여전히 관리해야 한다고 주장하는가 하면, 다른 한편에서는 국가가 과다복지를 전개함으로써 오히려 개인의 삶을 황폐하게 만든다고 비판한다. 세계화의 물결과 더불어 신자유주의가 등장하면서 복지국가가 위기를 맞이하게 되었고, 이로 인해 공공영역에 자리하고 있었던 복지가 민영화의 물결에 밀려나는 현상도 강하게 대두되고 있다.

이 글은 현대사회의 여러 가지 함수들에 대한 고려로부터 국가와 복지의 관계를 살펴보고, 나아가 이를 근거로 우리 사회의 국가의 역할을 재고하면서 동시에 우리의 공공영역이 안고 있는 문제점을 원론적 차원에서 고찰해보고자 한다.

---

5 이 점과 관련하여 하버마스는 다음과 같이 주장하고 있다. "자본집중과 간섭주의를 통해 국가의 사회화와 사회의 국가화라는 상호과정으로부터 새로운 영역이 출현할수록, 공공적 이해관계의 공공적 요소는 계약적 정식화의 사법적 요소와 결합된다. 이 새로운 영역은 순수하게 사적 영역으로도, 진정 공공영역으로도 의미 있게 파악될 수 없으며, 명백하게 사법이나 공법의 어느 한 분야에 속할 수도 없는 영역이다."(J. Habermas, *Strukturwandel der Öffentlichkeit*, 182쪽. 위르겐 하버마스/한승완 역, 『공론장의 구조변동』, 나남출판사, 2001, 257쪽)

복지국가의 출현과 전개 과정

'복지(welfare=well+fare)'라는 용어는 14세기부터 사용된 단어로서,[6] 이것은 원래 '안전한 여행을 바란다(fare well).'라는 의미를 지닌 것이었으나 오늘날 행복할 수 있는 상태 및 조건을 의미하는 말로 쓰이게 되었다.[7] 복지는 '행복' 내지는 '만족할 만한 생활환경'을 의미한다. 그러나 이와 같은 복지라는 용어가 본격적으로 사용된 것은 20세기 이후라고 보아야 할 것이다. 복지국가라는 용어도 1941년에 이르러서야 영국에서 사용되기 시작하였다.

영국에서는 18세기에 이미 국가가 사회복지에 기여해야 한다는 주장이 제기되었지만,[8] 개인적 복지의 부분을 국가가 책임져야 한다는 주장이 본격적으로 대두된 것은 19세기 말엽 무렵이었다. 그리고 국가가 '제도적으로' 국민들의 복지에 관여하기 시작한 것도 100년 정도에 불과하다. 자본주의가 본격적으로 등장한 이후 제도적 차원에서의 이런 '복지국가'라는 개념이 등장하게 되었는데, 이것은 1930년대 수정자본주의를 주장한 케인즈주의나 '요람에서 무덤까지'를 주장하고 있는 영국의 '비버리지 보고서'(1942)에 연원을 두고 있다는 입장도 있으며, 아니면 이보다 훨씬 더 앞서 1880년대에 독일에서 전개된 복지정책에서 비롯되었다는 입장도 존재한다.[9]

---

6 A. von der Lühe, "Wohlfart; Wohlfahrtsstaat", in J. Ritter, K. Gründer und G. Gabriel(Hrsg.), *Historische Wörterbuch der Philosophie*, Band 12, Schwabe AG · Verlag · Basel, 2004, 998쪽 참조.

7 Mohammed Rassem, "Wohlfart", in Otto Bruner / Werner Conze / Reinhart Koselleck(Hrsg.), *Geschichtliche Grundbegriffe*, Band 7, Stuttgart: Klett-Cotta, 1992, 609-610쪽 참조.

8 그 이후 1834년의 영국 구빈법이나 오슬러(R. Oastler)가 주장한 '사회국가'와 관련된 주장들에서도 국가가 국민의 복지에 이바지해야 함이 주장되었다(A. Briggs, "Welfare State", in Philip Paul Wiener(ed.), *Dictionary of the History of Idea*, New York: Charles Scribner, 1978, 509쪽 참조).

9 산업자본주의가 발전하기 이전 단계에는 사회복지라는 것이 잔여적 차원에서 전개되었지 제도

복지국가의 정확한 연원이 어디에 있든 여기서 중요한 문제는 왜 '복지국가'라는 주장이 제기되었는가 하는 점이다. '복지국가'라는 용어는 산업화가 급속하게 진행되면서 노동자가 대규모로 출현하여 이들에 대한 처우 문제가 발생하면서 본격화되었다. 당시 국가는 이들 노동자들에게 그들이 요구하는 질병 · 산재 · 노령보험 등을 마련해주지 않으면 위기에 봉착할 수밖에 없었다. 이로 인하여 1940년대에 이르러서는 의료 · 연금 · 산재 · 실업보험이라는 4대 보험과 관련된 제도를 국가는 받아들이지 않을 수 없었다. 마침내 1970년대에 이르러서는 서구 선진국들은 전 국민을 대상으로 하는 보편적인 복지제도를 마련하였다. 이렇게 됨으로써 국가에서 추구하는 사회복지라는 이념도 '잔여적(residual)' 차원에서 '제도적(institutional)' 차원으로 완전히 이행하게 되었다. 그래서 국가가 사회복지의 주체가 되어야만 했다.[10]

마침내 국가는 시장에 직접 개입하여 국민의 복지를 마련해야 했다.[11] 이런 의미에서 복지국가는 시장개입주의와 함께 한다. 물론 복지국가는 단순히 시장개입에 머무는 것이 아니라 이 차원을 넘어 국민생활 전반에 걸쳐서 연대성에 기초한 바람직한 사회를 만드는 데 목적을 두고 있다. 그러므로 복지국가론에 의하면 국가는 공공재(public goods)를 창출하고 배분함으로써 사회의 불안 요인을 만들어내는 소외자를 돌보아야 한다.[12]

적 차원에서 전개되지 못했다. 즉 사회복지라는 것이 응급처치 기능 이상일 수 없었으며, 따라서 가정이나 시장경제가 회복되면 자동적으로 사라졌다.(이인희, 「현대국가의 복지패러다임에 관한 탐색적 연구」, 19쪽 참조). 잔여적 복지국가(the residual welfare state)와 제도적 복지국가(the institutional welfare state)에 관해서는 Norman Barry, "Welfare Policies", in *Encyclopedia of Applied Ethics*, Vol. 4, San Diego: Academic Press, 1998, 514-520쪽 참조.

10 J. Habermas, *Struktuwandel der Öffentlichkeit*, Neuwied und Berlin: Hermann Lutherhand Verlag GmbH, 1971, 182쪽. 위르겐 하버마스/한승완 역, 『공론장의 구조변동』, 257쪽 참조.

11 J. Habermas, *Struktuwandel der Öffentlichkeit*, 제5장 참조. 같은 책, 272쪽 참조.

12 Henry Shue, "Welfare Rights and Social Policy", Lawrence C. Becker(ed.),

그러나 1970년대 1, 2차 오일 쇼크로 인하여 세계 경제가 침체되고 실업과 빈곤의 비율이 급격히 증가함으로써, 선진복지국가도 더 이상 복지를 국가가 지탱할 수 없는 상황에 이르게 되었다. 아니 전후 유럽 사회에서 자본주의 위기의 극복 대안이었던 복지국가가 이제는 오히려 위기의 창출자로 전락하였다. 그래서 영국과 미국은 작은 정부를 제창하는 신보수주의의 등장을 막을 수가 없는 상태에 이르게 되었다. 신보수주의는 그동안 복지라는 이름 아래 국가가 과도하게 개입한 것을 문제 삼으면서, 국가는 시장의 흐름을 존중해야 한다고 주장하였다. 이로 인하여 복지국가는 위기를 맞이하게 되었다.[13] 더군다나 오늘날 모더니즘에 공격적인 포스트모더니스트들도 강한 국가를 거부하고 작은 국가를 제창함으로써 신보수주의자처럼 시장의 흐름을 강조하는 것은 아니지만 국가가 복지에 적극적으로 개입하는 것에 제동을 걸고 있다. 이처럼 1970년대 중반 이후 국가가 사회적 복지나 개인적 복지 문제에 개입하는 것에 관해서 강한 불신이 확산되기 시작하였다. 특히 신자유주의의 득세로 정부보다는 시장, 집단적 선택보다는 개인적 선택이 중시되었으며, 다국적 기업 논리 아래서 국가의 위상이 격하되기 시작하였다. 게다가 페미니스트들도 복지국가가 가부장제에 근거하고 있음을 비판하였다. 따라서 좌파의 복지정책은 우파의 불신 아래서 위기를 맞이하지 않을 수 없었다.[14]

이인희에 의하면 복지국가의 위기론에 관해서는 그동안 대체로 세 가지 입장, 즉 우파, 좌파, 중도파의 관점이 존재해왔다.[15] 우선 첫 번째의 우파적 관점은 국가의 시장개입이 오히려 투자동기를 상실시키고 노동력에 대한 도덕적 해이

Encyclopedia of Ethics, Vol. II, New York & London: Garland, 1992, 1310-1311쪽 참조.

13 이인희, 「복지국가의 위기와 복지공급 패러다임에 관한 연구」, 『한국 사회와 행정 연구』, 제12권 제2호, 2001.8, 221쪽 참조.

14 P. Leonard, *Postmodern Welfare: reconstructing an emancipatory project*, London: SAGE, 1997, 4-5쪽 참조.

15 이인희, 같은 글, 213-214쪽 참조.

(moral hazard)를 낳아 경제적 과수요(인플레이션)와 정치적 과수요(통치 불가능성)를 초래하여 국가가 위기에 봉착하게 된다는 입장이다. 또한 복지에 대한 국가의 개입은 노동임금의 상승으로 이어져 고실업이 유지될 수밖에 없게 된다는 것이다. 하이예크(Hayek)와 프리드먼(Friedmann)에 의하면 국가의 개입은 정부의 팽창을 낳으며 이것이 정부의 과중한 부담으로 이어져 결국 정부는 실패하고 복지국가는 위기에 봉착할 수 밖에 없다. 오늘날 신자유주의도 바로 이와 같은 입장에서 시장의 우월성을 인정하고 국가의 역할을 최소화하는 방향으로 다시 전환할 것을 주장하고 있다.[16] 물론 이인희의 주장처럼 우파도 국가의 시장에 대한 최소한의 개입은 허용하며, 국가복지의 온건한 형태는 인정한다.[17]

다음으로 두 번째의 좌파적 관점은 주로 마르크스주의자들이 제기하는 입장이다. 이 입장에 의하면 복지국가가 오히려 노동자들에게 복지라는 미끼를 제공하여, 자본주의 자체가 안고 있는 구조적 모순을 은폐하려고 하지만, 정부의 비대화와 과도한 부담으로 인해 국가가 위기에 처하게 된다. 마지막으로 세 번째의 중도적 관점에 의하면 복지국가의 경우 전문가 집단의 관료주의화와 관료행정의 비대화로 인해 국가 정체성에 위기를 맞이하게 된다.[18]

그러나 다른 한편 이런 위기론의 제창에도 불구하고 여전히 복지국가의 존재 이유를 정당화하고자 하는 입장도 존재한다. 이인희에 의하면 그 대표적인 입장이 바로 기존의 "사회민주주의적 관점", "사회주의적 관점", "조합주의적

---

16 D. Messner, "Gesellschaftliche Determinanten wietschaftlicher Entwicklung in der Weltmarktwirtschaft", in H. Brunkhorst, M. Kettner(Hg.), *Globalisierung und Demokratie*, Frankfurt a.M.: Suhrkamp, 2000, 84-85쪽 참조.

17 이인희, 같은 글, 213쪽 참조.

18 이인희, 같은 글, 214쪽 참조. J. Habermas, 같은 책, 272쪽. 위르겐 하버마스/한승완 역, 『공론장의 구조변동』, 353쪽. 사실 하버마스는 "국가의 점진적 사회화와 동시에 관철되어 가는 사회의 국가화의 이런 변증법에 의해 점차 국가와 사회의 분리라는 공론장의 기초가 붕괴된다."고 언급하고 있다(J. Habermas, 같은 책, 173쪽. 위르겐 하버마스/한승완 역, 『공론장의 구조변동』, 246쪽).

(corporative) 관점"이다.[19] 북유럽의 사회민주주의는 인간의 삶이 시장원리에 내맡겨지게 될 때 인간의 존엄성과 사회적 연대성이 말살된다고 보며, 따라서 개인선보다 공동선을 중시하는 관점에서 국민의 복지가 가능한 한 시장에 덜 예속되게 해야 함을 주장한다. 그러므로 이들은 시민권의 확보 차원에서 복지국가의 기본제도는 유지되어야 한다고 보고 있다. 사회주의나 조합주의도 복지정책과 경제정책 사이의 모순보다는 상생을 중시하는 관점에서 복지정책을 추구하고자 하며, 노사의 상호 협력을 강조한다.[20]

그러나 이 모든 노력에도 불구하고 현대 복지국가는 분명 위기에 처해있다고 하지 않을 수 없다. 적어도 현대 선진산업사회는 인구의 변화, 탈산업화, 세계화로 인하여 복지국가의 새로운 모습을 요구하고 있다.

우선 첫째로 인구노령화에 따른 연금비용과 의료비용의 증대로 복지국가의 재정부담은 더욱 더 가중되고, 여성이 노동시장에 더 많이 참여하게 되며, 이로 인해 출산이 감소하고 가정복지에 대한 요구가 증가함에 따라 국가 재정부담이 더욱 더 가중된다.[21]

둘째로 탈산업화(post-industrialization), 즉 서비스경제의 등장은 실업을 증대시키고 경제성장을 둔화시켜 "복지국가의 재정건전성"을 악화시킨다. 이로 인해 "복지지출 수준과 사회보장급여 수준의 하락 압력"이 강화되어 "복지국가의 재구성"을 요구하게 된다. 특히 탈제조업화는 비정규직의 증대를 확산시켜 정규직에 의존하는 케인즈주의의 복지정책이 더 이상 지탱하기 어렵도록 만든다.[22] 또한 포스트포드주의의 등장으로 다기능 숙련근로자와 단순근로자의 대립구조가 양산되며, 다수의 복지 의존층이 야기됨으로써 복지국가의 재정부담이 악화된

19 이인희, 같은 글, 214-216쪽 참조.

20 이인희, 같은 글, 215쪽 참조. 이인희, 「현대국가의 복지패러다임에 관한 탐색적 연구」, 26쪽 참조.

21 조영훈, 「사회변동, 복지정치, 복지국가의 변화」, 『한국사회학』 제38집 1호, 2004, 166쪽 참조.

22 조영훈, 같은 글, 169쪽 참조.

다.[23] 그리고 정보혁명을 통하여 전자상거래 및 전자화폐의 사용 증가로 "경제주체들의 세금회피" 현상이 증대된다. 또한 정보혁명은 "서비스부문의 비약적 증가, 노동의 양극화, 비정규직의 양산, 주변부 근로자들의 상대적 빈곤"을 심화시킴으로써 복지재정을 어렵도록 만든다.[24]

마지막으로 오늘날의 세계화는 자본의 자유로운 이동을 가능하게 함으로써 국민국가의 세금수입을 어렵게 만들고 있으며, 따라서 국가복지의 재정건전성을 악화시키고 있다. 노동의 이동을 통하여 새로운 복지요구가 일어남에도 불구하고 외국에서 노동하는 자들은 노동하는 나라에 복지비용을 지불하고도 본국으로 돌아갈 경우 복지에 혜택을 받는 데 어려움이 뒤따르게 된다. 따라서 세계화는 기존의 복지정책과 다른 또 하나의 새로운 복지모형을 요구하고 있다.[25]

그러나 이상과 같은 상황에도 불구하고, 즉 복지재정의 건전성에 문제가 생김에도 불구하고 여전히 국민들은 복지국가에 대한 기대치가 높기 때문에 복지수준의 급격한 하락현상은 발생하지 않을 것이며, 오히려 복지 시스템이 더 발전하게 될 것이라는 입장도 주장되고 있다.

복지와 국가의 관계

위에서 이미 살펴보았듯이 복지국가는 한편으로 부정적으로 이해되며 다른 한편으로는 긍정적으로 이해되고 있다. 문제는 복지와 국가의 관계를 어떻게 설정하느냐하는 점이다. 국가가 복지를 위해서 너무 많이 우리의 생활세계에 적극

23 포스트포드주의에 대한 자세한 논의는 조영훈, 같은 글, 169-171쪽 참조.

24 조영훈, 같은 글, 171쪽 참조. 물론 정보혁명도 복지 의존층을 증대시킴으로써 복지국가에 대한 강한 요구를 지니고 있다.

25 조영훈, 같은 글, 172-173쪽 참조.

적으로 개입하는 것도 문제이고, 그렇다고 너무 적게 소극적으로 개입하는 것도 문제이다. 적극적으로 개입하면 사회적 취약자를 보호할 수 있는 반면에, 복지관료주의화가 심화되면서 "서비스 전달의 경직성"을 유발하고, 과도한 공공재정의 부담과 급여의 부적절함으로 국가에 대한 불신이 심화될 수 있다.[26] 다른 한편 소극적으로 개입하면, 이른바 시장중심의 복지정책을 수행하게 되면, 고객에게 선택의 자유와 개별적인 욕구충족을 보장하는 반면에 공공재의 민영화 확산으로 사적 차원의 보험이 늘어나게 되고 사회구성원들 사이의 불평등이 심화된다. 이로 인해 사회적 약자를 배려할 수 있는 시스템이 위기에 처하게 된다. 가령 대부분의 기존 복지국가에서 공공영역에 속해 있었던 병원과 학교가 민영화될 경우, 경제적으로 열악한 조건 아래 있는 계층은 공동체로부터 소외자가 될 가능성이 매우 높다. 인간이 배워야 할 권리가 있고, 또한 자신의 생명을 유지할 권리를 갖는 것은 하나의 기본권에 해당한다. 그러나 이 영역이 시장에 맡겨지게 될 경우 인간의 기본권이 유린될 가능성은 매우 높다.

결국 전통적인 복지국가와 신자유주의의 대결 속에 놓여있는 오늘날 우리에게 안겨진 중요한 과제는 국가중심의 복지공급과 시장중심의 복지공급이란 대립적 상황을 극복해야 하는 점이다. 그래서 오늘날 선진사회는 시장과 국가를 매개하는 시민사회를 통하여 새로운 활로를 모색하고자 한다. 즉 무조건적인 시장확대보다는 국가와 시민사회가 협력하여 국가의 역할을 재조정하고자 한다. 특히 오늘날 전통적 복지국가와 신자유주의의 대립 상태를 벗어나기 위하여 경제적 효율과 사회적 형평을 동시에 도모하면서, 또한 국가중심의 복지공급을 넘어서 복지공급주체를 다원화하고자 한다.[27]

그러나 이러한 모색도 결국 복지국가의 이념을 포용할 수 있어야 할 것이다.

26 이인희, 「복지국가의 위기와 복지공급 패러다임에 관한 연구」, 218, 220쪽 참조.

27 이인희, 앞의 글, 222쪽 참조.

즉 오늘의 사회에서 아무리 복지국가가 위협을 받고 있더라도 자유와 평등을 지향하는 민주주의와 우애와 평등을 중시하는 인도주의가 제대로 구현되지 못한다면 그 사회는 결코 행복한 사회가 되지 못할 것이다. 이것은 더 이상 국가복지주의나 시장복지주의로부터 나올 수 없고 시민사회의 연대를 통하여 모색되는 사회복지 차원에서만 가능하다.

이와 같은 방향 모색에 대해서 좀 더 구체적으로 살펴보기 위해서는 현대국가의 복지패러다임의 전체 유형에 대해서 입체적으로 분석해보는 것이 필요하다. 이미 앞에서 언급된 다양한 복지국가 유형과 관련하여 이인희는 현대국가의 복지패러다임을 자유주의, 사회민주주의, 마르크스주의라는 기본 틀을 근간으로 하여 다음과 같이 분류하고 있다.

사회복지의 제 이념[28]

사회복지 이념 / 기준	(1) 잔여적 자유방임의 이념	(2) 잔여적 자유주의의 이념	(3) 제도적 자유주의의 이념	(4) 제도적 사회민주주의의 이념	(5) 규범적 마르크스주의의 이념
수혜대상범위(선택주의 혹은 보편주의)	적극적 선택주의 지향(선택주의적 구빈사업 형식)	소극적 선택주의	제한적 보편주의 경향	보편주의	보편주의
복지급여수준(최소 · 최대)	최소 보장	최저 보장	제한적 최적 보장 경향	최적 보장	최대 보장
서비스의 재원부담(유료 혹은 무료)	유료의 자원 수익자 부담의 원칙	유료의 자원동원 수익자부담 (국가의무 다소 인정)	유료 · 무료 수익자 부담 (국가개입의 정도 높음)	무료의 자원, 국가책임	무료, 국가책임
사회보험 등의 가입방식 · 정부의 재정투자 방식(임의성 혹은 강제성)	임의성(수혜자의 자주적 책임 원칙)	임의성(국가의무 다소 인정)	제한적 강제성 경향	강제성 정부의 재정투자	강제성
소득 재분배 효과	전무	미약 (극히 선택적)	제한적	강함 (보편적 필요에 기초함)	강함 (보편적 필요에 기초함)

28 이인희, 「현대국가의 복지패러다임에 관한 탐색적 연구」, 22쪽.

이인희는 앞의 도표를 통하여 크게 국가 개입의 정도에 따라, 세부적으로는 자유주의, 사회민주주의, 마르크스주의라는 기본 틀과 잔여주의와 제도주의라는 기본 틀에 기초하여 다섯 가지 유형의 복지형태를 제시하고 있다. 오늘날 (1)과 (5)는 거의 통용되지 않는 실정이다. 대개 국가의 간섭과 시장의 자율성의 정도에 맞추어 (2), (3), (4)를 선택하는 경향이 강하다. 국가의 복지주도형이 지닌 복지 관료주의의 위험과 시장의 위축을 우려하는 국가들은 (2)와 (3)을 선택하고자 하며, 반면에 시장의 지배와 소외자로 인한 사회의 불안을 걱정하는 국가들은 (4)를 선택하고자 한다. 오늘날 사회민주주의와 신자유주의 사이에 전개되고 있는 팽팽한 긴장도 바로 이 선상에 놓여 있다.

그렇다면 우리 사회는 이들 중 어느 입장을 택해야 하는가? 이것에 대한 답을 논하기 위해서는 한국의 국가와 시장의 상태를 현실적으로 분석하지 않을 수 없다.

나가는 말 - 우리 사회의 복지와 국가의 관계를 되돌아보며

그동안 우리 정부는 시장에 개입한 정도가 아니라 시장을 형성하여 왔으며, "사회는 국가의 아들"에 불과하였다. 이미 서론에서 언급했듯이 한국의 현대사는 가부장적 국가주의가 지배하였다고 해도 과언이 아니다. 그러므로 우리사회는 가족과 국가 사이를 매개하는 시민사회가 제대로 확립되지 못했다. 반면에 서구의 시민사회는, 특히 서구의 근대화 과정에서 형성된 시민사회는 시장의 힘을 등에 업고 합리적 기획 아래서 국가의 권리에 저항하고 견제하는 기능을 수행해 왔다. 그러면서 동시에 시민사회의 힘이 국가권력의 토대가 되기도 했다. 그들의 근대 시민사회는 국가주의와 맞서 싸웠으며 그들의 현대 시민사회는 시장의 힘과 맞서 싸우고 있다. 그러니까 그들의 시민사회는 공론장을 통하여 국가와 기업의 권력구조인 정치체계와 경제체계에 맞서 저항하고 이들 체계를 비판하고 감시하면서 생활세계를 지켜내려는 방향으로 나아가고 있다. 그람시의 시민사회는 정치사회로서의 국가와 기업의 경제영역을 견제하는 헤게모니의 장에 위치하고 있으며,[29] 하버마스의 시민사회는 경제체계와 정치체계에 맞서 싸우면서 공론장을 모색하는 생활세계에 속해 있다. 그러므로 이들의 사회는 국가주의나 시장주의에 식민화되는 것을 거부한다.[30] 시민사회는 이제 다원성 속에서 연대성을 모색하는 터전이 되고 있다.

우리에게 이런 맹아가 보이기 시작한 것은 1987년 6월 민주항쟁에 이르러서였다. 그 전에는 우리 사회 역시 일본과 마찬가지로 권위주의적이고 중앙집권적인 국가 전통이 강한 상태 아래 자본주의가 전개된 사회로서 시민사회의 발달이 국가의 개입과 위계적인 사회질서로 인하여 많이 억제되었다.[31] 우리의 현대사는 '강한 국가-약한 자본주의-약한 사회'라는 구조 속에 놓여 있었다. 따라서 국가의 억압에 저항하는 주체 역시 서구 근대의 시민사회에서처럼 부르주아지가 아니라 민주화운동을 한 학생집단이나 지식인 및 정치인들이었다. 그러므로 우리의 부르주아지들은 자생적으로 만들어지지 못했으며, '바깥에서 안으로, 위에서 아래로 외세의존적인 국가권력의 지도 아래서' 일방적으로 만들어졌다.[32] 그래서

---

29 Antonio Gramsci, *Selections from the Prison Notebooks*, New York: International Publishers, 1971, 56, 268쪽 참조.

30 하버마스는 20세기 후반에 와서 국가의 사회화나 사회의 국가화가 진행되면서 공론장이 약화되는 것을 비판하고 있다(J. Habermas, *Strukturwandel der Öffentlichkeit*, 235, 266쪽. 위르겐 하버마스/한승완 역, 『공론장의 구조변동』, 313, 346쪽). 그는 시민사회를 "자유의지에 기초하는 비국가적이고 비경제적인 연결망과 자발적인 결사체들"(J. Habermas, *Faktizität und Geltung*, Frankfurt a.M.: Suhrkamp, 1992, 443쪽. 위르겐 하버마스/한상진·박영도 공역, 『사실성과 타당성』, 나남출판, 2000, 440쪽)이라고 주장한다.

31 신광영, 「시민사회의 개념과 시민사회 형성」, 유팔무, 김호기 엮음, 『시민사회와 시민운동』, 한울, 1995, 112쪽 참조.

32 유팔무, 「한국의 시민사회론과 시민사회 분석을 위한 개념틀의 모색」, 유팔무, 김호기 엮음, 『시민사회와 시민운동』, 한울, 1995, 255쪽 참조.

우리 사회의 민중운동은 국가와 부르주아사회 모두를 공격 대상으로 삼았다.

그러다보니 1987년 6월 민주항쟁 이후 조성된 시민운동도 사실은 개량적인 형태를 지니고 있어서 민중운동을 하는 집단으로부터 반발을 받기도 하였다. 게다가 오늘에 이르러서는 민중운동과 시민운동의 부조화 못지 않게 새롭게 출현한 다중운동과의 부조화도 자라나고 있다. 바로 이와 같은 상황에 비추어 볼 때 위의 표에서 분류된 부분 중 (5)에 해당하는 관점도 우리 사회에는 여전히 잔존하고 있다. 그런가 하면 우리의 시민사회 또한 욕구투쟁의 장이 되어 (1)의 형태를 계속 보여주고 있기도 하다. 이른바 우리의 시민사회에는 부르주아지의 이익논리가 계속해서 작동하고 있다.

그래서 문민정부가 들어선 이후 복지정책을 가장 적극적으로 펼친 김대중 정부에 있어서도 'DJ노믹스'라는 말이 생겨났었다. 당시 정부는 김영삼 정부에서 추구된 세계화가 초래한 국가의 경제적 위기 상태를 '민주적 시장경제'를 통하여 극복하고자 하였다. 사실 당시의 이 입장은 파쇼 체제를 개혁하고 독일 경제를 부흥시키는 데 토대가 된 프라이부르크 학파의 '질서자유주의(Ordo-Liberalismus)'[33]론에 입각하고 있었다. 당시 DJ정부는 정치적 민주주의와 자본주의적 시장경제의 동시적 발전을 옹호하는 정책 노선을 취하고 있었다. 그리고 이런 기본 입장 아래서 한국적 복지국가의 틀을 상당 부분 마련하였다. 급격한 구조 조정 과정에서 출현한 실업자와 취약계층을 보호하기 위한 사회안전망을 갖추고자 사회보험의 적용 확대를 추진하고, 빈곤층을 위한 국민기초생활보호제도를 마련하고자 했으며, 이 과정에서 의료보험의 통합과 의약분업을 실시하였다. 당시 국민의 정부는 국민최저생활의 보호와 사회적 연대성 및 '생산적 복지'[34]를 마련하고자 하였다. 그렇지만 당시의 정부는 이념적으로는 독일의 질서

33 W. Eucken, *Grundsätze der Wirtschaftpolitik*, Tübingen 1959, 169-190, 369-400쪽.

34 복지와 경제적 생산성을 조화시키려는 입장.

자유주의를 지향하였으면서도, 현실적으로는 신자유주의에 더 치중하였다. 이것은 유럽의 질서자유주의나 영국의 '제3의 길'이 유럽식 신자유주의나 영국식 신자유주의로 흐르듯이, DJ정부의 '민주적 시장경제'도 세계화라는 이름 아래 전개되는 도둑자본주의(Räuberkapitalismus)[35]의 힘으로부터 완전히 벗어나지 못했음을 보여주는 것이다.

그 이후 새롭게 등장한 참여정부 역시 DJ정부의 기본노선을 상당 부분 수용하고 있었다. 다만 참여정부가 정부 혁신 · 지방분권 위원회, 국가균형발전위원회를 통하여 지역의 균형발전을 모색하고, 이를 위하여 풀뿌리민주주의를 추구하였다는 점에서 DJ정부와 차이가 있었다. 그러나 참여정부 역시 경쟁력과 균형을, 이른바 균형-발전을 모색해야 하는 어려움에 직면해 있었다. 세계화 속에 살아남기 위해서 경쟁력을 강화하다 보면 불균형이 심화될 것이고, 균형과 복지를 중시하다보면 자유로운 경쟁력이 약화되기 마련이다. 복지를 강조하면 성장이 둔화될 것이고, 성장을 강조하면 복지가 약화되는 어려움이 뒤따르기 마련이다. 하지만 참여정부는 '통합적 균형'과 '역동적 균형'의 상생관계를 통해 이런 난제를 해결하려고 하였으며, 따라서 한편에서는 '균형과 복지의 원리'를 추구하고, 다른 한편에서는 '선택과 집중의 원리'를 추구하고자 하였다.

그러나 불행하게도 우리 사회에는 참여정부가 희망하는 이런 기대치가 현실적으로 구현되지 못하였다. 보수세력들은 참여정부의 진보적인 복지정책을 사회주의적이라고 비판하였고, 참여정부는 이런 흐름에 반대하는 보수세력들을 부르주아적이라고 비판하였다. 참여정부가 복지를 추진하고자 하니 보수주의자들은 국가가 시장에 과다하게 개입한다는 부정적 입장을 표출하였고, 보수주의자들이 시장의 자율성을 강하게 주장하니 참여정부의 진보주의자들은 이들을

35 H. Brunkhorst, "Ist die Solidarität der Bürgergesellschaft globalisierbar?", in H. Brunkhorst, M. Kettener(Hg.), *Globalisierung und Demokratie*, Frankfurt a.M.: Suhrkamp, 2000, 285쪽 참조.

수구반동세력으로 규정하였다.

한마디로 우리 사회는 근 · 현대 속에 출현한 시민운동의 주체를 제대로 마련하지 못하였고, 이로 인하여 시민단체 내부에도 심한 진통과 대립이 상존하였으며, 심지어 민중운동과는 대립 상태에 놓여 있었다. 이러한 우리 사회의 갈등은 결국 진보정치를 더 이상 진행할 수 없도록 만들었으며, 급기야는 성장 중심, 시장 중심의 신자유주의로 급선회하는 실용정부의 탄생을 낳았다. 실용정부의 탄생 이후 성장과 시장에 우위를 둠으로써 복지와 공공영역의 활성화는 약화될 수밖에 없었다. 이로 인해 우리 사회는 시장과 복지 사이의 심한 균열을 경험하고 있다. 우리는 지금 전근대성을 근대성으로 고양시켜야 함과 동시에 근대성을 현대성으로 고양시켜야 하는 이중의 어려움에 시달리고 있다. 우리의 시민운동과 민중운동 역시 '차이 속에서 연대'를 모색해야 하고, 새롭게 출현한 다중운동과도 조화를 모색해야 하는 부담을 안고 있다.[36]

바로 이와 같은 측면에서 볼 때 우리의 복지국가의 현실은 서구와 다르게 접근되어야 할 것이다. 지금 우리는 한편에서는 세계화의 압력으로 신자유주의의 개방경제 체계를 갖추도록 요구받고 있으며, 다른 한편에서는 정치적 민주화와 노령화의 확산으로 인하여 분배와 복지에 대한 강한 요구를 받고 있다. 그러나 유감스럽게도 우리사회에는 세계화와 민주주의 사이에 대립이 매우 심하게 일어나고 있으며, 더군다나 노령화로 인하여 세입기반이 약화되고 연금수급자 및 노령의료비용이 증가함으로써 국가재정기반이 악화되고 있다. 김대중 정부 이래로 복지정책이 제도적이고 보편적인 차원에서 꾸준히 추진되어 왔지만, 고용불안 계층인 비정규직의 확대[37]와 자영업자의 소득파악의 어려움 등으로 사회보

36 조희연, 「민중운동과 '시민사회', '시민운동'」, 유팔무, 김호기 엮음, 『시민사회와 시민운동』, 한울, 1995, 333쪽 참조.

37 정무권, 「한국 복지국가의 현실과 개혁과제」, 한국행정학회 편, 『2004년 춘계학술대회 발표논문집 - 참여정부의 정부현실과 과제』, 2004, 705-706쪽 참조.

험제도가 제대로 시행되고 있지 못하다. 특히 성장주의자와 복지주의자 사이의 이념적 대결은 진보와 보수의 대립을 넘어 좌우 대립으로까지 경도됨으로써 우리 사회의 복지정책의 근본적 과제들이 제대로 정립되지 못하고 있다. 김대중 정부의 생산적 복지가 다분히 신자유주의적 흐름을 수용하는 측면을 지니고 있었듯이, 참여정부의 '참여복지' 역시 이런 측면으로부터 자유롭지 못하였다. 더군다나 국민들의 복지의식이 선진화되지 못하여 우리의 복지국가가 직면하고 있는 심각성에 대해서 좀 더 진지하고 전문적인 차원의 접근이 제대로 이루어지지 못하고 있다. 이와 같은 양상은 실용정부에 이르러 더욱 더 심화되고 있는 상황이다. '성장을 통한 복지'냐, '복지를 통한 성장'이냐를 놓고 우리 사회는 지금 심한 진통을 겪고 있다.

실용정부에 이르러 공공영역의 급격한 민영화 추진으로 인해 공공영역의 가장 핵심에 해당하는 의료와 교육, 즉 누구나 생명을 돌보고 배울 기회가 주어져야 하는 부분인 병원과 학교가 민영화의 물결에 휩쓸려 들어가고 있다. 생명과 교육을 담당하는 기관이 더 이상 국가의 복지영역으로서 자리하지 못하고, 시장의 이익과 손해의 논리에 밀려나고 있다. 참여정부 이후 지금의 실용정부는 국가의 복지에 대한 지원 부담과 국가 경쟁력의 확립이라는 차원에서 이들 공공영역에 대해서 민영화를 강력하게 추진하고 있다. 이미 정부는 국립대학에 대해서는 법인화를 통해 이들 대학들을 시장의 경쟁 구도에 배치하려고 한다. 의료 영역에서도 이를 외국에 개방함으로써 경쟁력을 강화시키고자 한다. 더 이상 교육과 의료의 영역이 시장에서 독립되어 있는 공공영역으로서의 자리를 지닐 수 없게 되었다.

상황이 이러하다보니, 즉 국가가 복지 부담을 축소하고 경쟁력을 강화시키는 방향으로 나아가다보니, 한편에서는 복지에 위기가 초래되고 있다는 강력한 비판이 제기되는가 하면, 다른 한편에서는 경쟁력의 활성화를 통해 복지가 더 확고하게 이루어질 수 있을 것이라고 기대하고 있다. 즉 '국가를 통한 복지'와 '시장을 통한 복지' 사이에 심각한 균열이 내장되어 있는 것이 우리 사회의 현재 상황이라고 할 수 있을 것이다. 국공립대학과 관련하여 국가는 경쟁력의 제고라는 측면에서 국공립대학의 독립채산제를 표방하고 있으며, 반면에 대부분의 국공립대학들은 아직 우리 사회가 국가가 공공영역을 담당하는 역할을 완전히 그만두어서는 안 된다는 점에서 국공립대학의 법인화 관철에 반대하고 있다. 또한 의료보험과 관련해서도 정부는 의료시장의 개방을 통하여 서비스 개선을 시도하고자 하는데 반해서, 의료단체들은 의료기관의 공멸을 염려한다. 이처럼 관련 기관과 단체들은 정부가 국공립대학과 의료기관에 대해서 더 적극적인 지원을 하지 않고 그저 시장에 내맡기려는 태도는 공공영역의 위기를 초래할 것이라고 보고 있다.[38] 우리 사회는 서구처럼 제대로 복지시스템이 마련되지 못한 상황이다. 이런 상황에서 서둘러 공공영역을 민영화한다면 이것은 고전적 자유주의가 안고 있었던 문제를 그대로 떠안게 될 것이며, 더군다나 오늘날 신자유주의 흐름에 편승하게 되면 이런 현상은 더 더욱 심화될 것이다. 서구의 많은 나라들처럼 복지시스템이 어느 정도 갖추어진 경우라면 교육과 의료 영역을 민영화하더라도 그 타격이 심각하지 않을 수 있지만, 우리의 경우는 아직 이와 같은 축적된 역사를 지니고 있지 못하기 때문에 조기에 민영화를 시도하는 것은 인간의 생명과 교육을 위태롭게 할 수 있을 것이다.

우리는 더 이상 복지와 시장을 상호 모순적으로 배치시키는 대립적인 상태에서 소모적으로 논쟁만 하는 상황을 계속 유지할 수는 없다. 인류의 역사가 보여준 한 가지 분명한 사실은 공적 영역과 사적 영역이 분리되어 어느 한쪽이 절대적 우위권을 지니면서 다른 한쪽을 지배하게 되면 결국 파국이 온다는 사실이다. 근대 이전의 철저한 사적 영역의 억압은 공적 영역에 대한 혁명으로 이어져 사

38 최희경, 「의료보험수가 결정 과정과 정부의 역할-건강보험정책심의위원회(건정심) 결정과정을 중심으로-」, 『한국행정학보』 제38권 제2호, 2004.4, 136쪽 참조.

적 영역 자체가 공적 영역이 되는 부르주아 혁명을 가능하게 만들었으며, 급기야는 공적 영역의 상징적 장소였던 광장(agora, forum)이 사적 영역의 중심지인 시장(mercatus, burgus)으로부터 밀려나게 되었다.[39] 오늘의 시장지배주의는 신자유주의의 옷을 입고 세계를 위협하며 국가를 위기에 빠트리고 있다. 이제 우리에게 필요한 것은 공적 영역의 절대적 우위가 아니라 그것이 사적 영역의 피해로부터 보호를 받는 지대가 되도록 해야 한다는 점이다. 그러므로 오늘날 복지국가에서 추구되는 공공영역으로서의 복지는 국가의 적극적 개입을 통한 관료주의의 본산이 되어서도 안 되며, 그렇다고 시장의 힘에 예속되는 장사놀이가 되어서도 안 된다. 그야말로 복지는 공공영역으로서 시장(경제체계)과 국가(행정체계) 사이에서 인간의 생활세계를 열어가는 터전이 되도록 해야 한다.[40] 이것은 사적 시민(bourgeois)이 아닌 공민(citoyen)을 기반으로 할 때에만 가능하다.[41]

생명과 교육을 시장의 상품으로 전락시키는 것에 저항하는 공민의 토대 위에서 교육과 의료의 영역을 지켜낼 때에만 인간의 삶의 조건이 바람직하게 유지될 수 있을 것이다. 대한민국헌법은 "모든 국민은 능력에 따라 균등하게 교육을 받을 권리를 가진다."(헌법 제31조 1항)라고 명시하고 있으며, 또한 "모든 국민은 인간다운 생활을 할 권리를 가진다."(헌법 제34조 1항)라고 명시하고 있다. 게다가 대한민국헌법은 "국가는 사회보장 · 사회복지의 증진에 노력할 의무를 지닌다."(헌법 제34조 2항)라고 명시하고 있다. 상황이 이러함에도 불구하고, 지금 우리의 상황은 교육과 보건의 영역 전체가 시장통이 될 위험을 맞이하고 있다. 인간의 생명과 교육을 담당하는 의료기관과 교육기관이 공공영역으로서의 성격을

39 H. Arendt, *The Human Condition*, Chicago & London: The University of Chicago Press, 1973, 29, 39쪽 참조.

40 J. Habermas, *Theorie des kommunikativen Handelns*, Band 2, Frankfurt a.M.: Suhrkamp, 1981, 473쪽 참조.

41 J. Habermas, *Strukturwandel der Öffentlichkeit*, 195쪽. 위르겐 하버마스/한승완 역, 『공론장의 구조변동』, 269쪽 참조.

완전히 상실한 채 사적 영역에 전적으로 귀속되어서는 안 된다. 지금처럼 국가가 경쟁력 논리에 입각하여 교육과 의료의 영역을 온전히 시장에 내맡기려 한다면, 즉 국공립 교육기관과 의료 영역에 대해서 민영화와 영리법인화를 시도한다면, 그것은 대한민국헌법을 준수해야 할 국가가 자신의 기본 의무를 저버리는 처사가 될 것이다. 이것은 위에서 언급된 (1)이나 (2)에 해당하는 것으로 그동안 서구 선진사회가 추구해온 (4)의 모델을 포기하는 꼴이 될 것이다. 하버마스는 이 점과 관련하여 "공법으로부터의 국가의 '도주', 공공관리의 임무의 기업 · 공공시설 · 법인체로의 이양, 사법의 반관적(半官的) 대행공사 등을 통해 사법의 공법화의 이면, 즉 공법의 사법화가 또한 드러난다."[42]라고 언급하고 있다.

현 실용정부에 이르러 신자유주의를 더욱 강화함으로써 국민전체소득에 비하여 여전히 빈부의 격차가 심하며, 아울러 복지수준도 낮은 나라에 속해 있다. 따라서 우리나라는 앞의 도표에서 제시된 (1), (2), (3), (5)의 차원보다는 (4)의 차원이 더 적합하리라 판단된다. 다만 (4)의 입장을 택함으로써 비롯될 수 있는 복지관료주의의 문제를 시민사회의 참여민주주의를 통하여 공론장을 활성화시킴으로써 경계할 수 있어야 할 것이다.[43]

21세기 시민사회는 권력과 화폐가 우리의 생활세계를 식민화하지 못하도록 공론장을 활성화시켜 의사소통적 합리성을 마련해야 하며, 따라서 '연대성'과 '차이에 대한 인정'을 통하여 차별주의와 배제주의를 극복해가야 할 것이다. 더 이상 복지가 국가의 전유물이거나 시장의 공격대상이 되어서는 안 될 것이다. 복지는 우리의 생활세계를 살려내는 소중한 터전이 되어야 할 것이다. 그러기 위해

42 J. Habermas, *Strukturwandel der Öffentlichkeit*, 183쪽. 위르겐 하버마스/한승완 역, 『공론장의 구조변동』, 257쪽.

43 여기에 대한 자세한 논의는 필자의 졸고 「사회의 의미와 위상에 대한 반성적 고찰–시민사회를 중심으로」, 한국철학회편, 『현대문화와 철학의 새 지평』, 철학과현실사, 2005.; 「구체적 보편성과 지방, 그리고 창조학으로서의 인문학」, 사회와철학연구회 편, 『사회와철학 제8호』, 2004.; 「다원주의와 지방자치」, 사회와철학연구회 편, 『사회와철학』 제6호, 2003 참조.

서는 더 이상 좌우 논리에 입각하여 전개되어온 배제와 차별과 불신의 그물을 걷어내야 할 것이다.

더 읽을거리

위르겐 하버마스, 『공론장의 구조변동』, 한승완 역, 나남출판사, 2001.

앤스니 기든스, 『제3의 길』, 한상진 외 역, 생각의 나무, 1998.

김수행 외, 『제3의 길과 신자유주의』, 서울대학교출판부, 2006.

박호성, 『사회민주주의의 역사와 전망』, 책세상, 2005.

조영훈, 『변화하는 세계 변화하는 복지국가』, 집문당, 2004.

아스비에른 발, 『지금 복지국가는 어디로 가고 있는가: 신자유주의 시대 복지정책의 딜레마』, 남인복 옮김, 2012.

프랜시스 캐슬, 『복지국가의 미래; 위기론의 허구와 실제』, 우명동, 우기동 옮김, 해남, 2008.

| 네 번째 강의 |

공자와 자본주의, 그리고 신자유주의

-홍원식(계명대학교 철학과)

다시금 '부활'하는 공자

언제부터인가 'G7'이라는 말이 은근슬쩍 밀려나고 우리 귀에는 'G2'라는 말이 익숙해졌다. 초강대국 미국과 중국, 중국이 '개혁개방정책'을 시행한 지 30년 남짓, 이제 중국은 미국과 대적할 수 있는 유일 초강대국이 된 것이다. 2차 세계대전 후 사회주의 종주국의 위치를 굳건히 지켜왔던 소련(소비에트 연방공화국)이 냉전체제의 종식과 더불어 연방이 해체되면서 제 몸 하나 가누기 힘든 상황이 되었고, 1894년 일청전쟁 후 한 세기가 넘도록 '아시아의 맹주' 자리를 누렸던 일본도 힘없이 주저앉고 있으며, 한 세기 전에는 예언처럼 들렸던 '서구의 몰락'이 눈앞에서 현실이 되어 펼쳐지고 있고, 미국마저 하루가 다르게 쇠락해가는 모습을 보이는 지금, 중국은 '소강(小康)'을 지나 '대동(大同)'의 시대를 향해 거침없는 항진을 해나가고 있다.

중국인들은 8자를 무척 좋아한다. 하여 2008년 8월 8일 저녁 8시 8분에 그들의 염원을 담은 베이징 올림픽이 개막되었다. 이날 식후 공연의 주인공은 다름 아닌 공자(孔子, 기원전 551~479)와 진시황(秦始皇)이었다. 그리고 그 연출자는 젊은 날 한때 사회주의 중국의 계몽을 외치며 세계적 명성을 얻었던 중국 제3세대의 대표적 영화감독 장예모(張藝謨)였다. 이제 초로에 접어든 그는 이날 중국 공산당과 중국 인민의 '대국굴기'와 '강국몽(强國夢)'의 염원을 유감없이 세계만방에 펼쳐보였다. 이렇듯 30여 년 전만 해도 임표(林彪)와 함께 자본주의의 길을 걸었다고 비판받으며 온 거리에 끌려다녀야 했던 공자가 이제는 그 박해자들에 의해 추앙받고 있는 것이다.

오늘날 중국에서 공자와 그의 유교가 존중되고 추앙받는 모습은 도처에서 발견된다. 먼저 '비림비공(批林批孔)'의 구호와 함께 문화대혁명(文化大革命) 10년의 '대난동(大亂動)' 시기가 끝나고 곧이어 1978년 개혁 · 개방정책이 추진된 지 몇 년이 지나지 않아 곡부(曲阜)의 대성전(大聖殿)은 다시 단장되어 외국 사절과 공산당 간부들이 참가한 가운데 공자의 공덕을 기리는 석전(釋奠)이 성대하게 거행되기 시작하더니, 이제 '국학열(國學熱)' 속에 유치원과 초등학교의 어린 학생들로부터 어른들에 이르기까지 중국 전통의 고전과 경전을 펼쳐 낭송하는 소리가 온 중국에 울려 퍼져 마치 1930년대 국민당 장개석(蔣介石) 정권 때의 이른바 '존공독경운동(尊孔讀經運動)'의 모습을 떠올리기에 충분하다.

2006년 10월 국경절 황금연휴 7일 동안 수많은 중국인들은 북경사범대학의 젊고 세련된 여교수인 우단(于丹)이 진행한 CCTV의 '백가강단(百家講壇)' 프로그램 〈논어심득(論語心得)〉 강의에 빠져들었다. 우리나라에서 21세기를 맞으며 도올 김용옥 교수의 『논어』 강의를 들으러 TV 앞에 몰려들었던 모습과 흡사한 것이었다. 우단 교수의 〈논어심득〉 강의는 그야말로 폭발적인 인기를 모았고, 강의록을 정리해 발간한 『논어심득』은 기록적인 판매고를 올리면서 중국 사회에 이른바 '우단 신드롬(현상)'을 불러일으키기도 하였다.

그런 가운데 마침내 2010년 초겨울 공자는 중국 현대사의 현장인 천안문 광장에 중화인민공화국의 국부로 추앙되는 모택동(毛澤東)의 동상과 마주보며 나란히 서게 되었다. 그러나 앞으로 나서기에는 때가 조금 일렀던지 분명치도 않은 이유로 100일가량만 그렇게 서 있다가 모택동의 동상만 남겨둔 채 슬그머니 어디론가 사라져버렸다. 실로 웃지 못할 상황이 벌어졌는데, 공산당이 일당 독재하는 중화인민공화국의 현 상황에서는 공자가 나서기에 아직 말 못할 속사정이 있었던 것은 분명한 듯하다. 그러나 분명한 건 언젠가는, 아니 이미 공자는 중화인민공화국에서 부활하였다. 반면 모택동과 그의 공산주의는 중국 인민들, 심지어 공산당원들의 마음에서마저 퇴조해가고 있다.

우리나라에서도 10여 년 전쯤 공자를 죽여야 하느니 살려야 하느니 하면서 한참 시끌벅적했던 적이 있다. 당시는 우리나라가 이른바 'IMF 사태'를 맞은 직후라 온통 분풀이를 공자에다 해대던 상황이었다. 김대중 대통령까지 '아시아적 가치'란 없다고 선언하면서 거들고 나섰다. 길은 오직 외길, '서구로!'라는 말이었다. 이보다 한 세기 전 국권을 상실한 무렵 개명한 자칭 개화 지식인들이 너도나도 공자와 그의 유교를 향해 욕을 퍼붓던 모양새와 똑같은 꼴이었다. 한국에서나 중국에서나 근현대 시기를 거쳐 오면서 공자와 그의 유교는 역사적 책임을 죄다 뒤집어쓰고 오욕으로 얼룩졌지만, 정말 '바이러스'처럼 지금껏 살아남아 꿈틀거리고 다시금 화려한 부활을 시작하고 있는 것이다.

공자 부활을 위한 전주곡, 유교자본주의론

한때 '동아시아 담론'이라는 것이 크게 일어난 적이 있었다. 지금도 그것이 완전히 사그라진 것은 아니다. 이 담론은 좀 더 정확히 말한다면, 한국과 중국 및 일본 등 동아시아의 현실과 역사, 문화, 사상 등에 대한 담론으로, 그 꾸러미 속에는 환경생태의 파괴, 인간소외와 공동체의 회복, 현대 과학의 한계와 신과학운동 등과 더불어 유교자본주의론과 같은 것들이 들어 있었다. 이처럼 그 내용은 무척 다양하고 달랐지만, 공통된 것 하나는 '동아시아를 주목하라!'였다.

새로운 밀레니엄, 곧 새 천년을 눈앞에 둔 1999년 우리나라에서 누군가가 1,999명의 각 분야 전문가와 지식인들에게 인류의 미래에 대해서 물은 적이 있었는데, 절대 다수의 사람들이 동양에서 해답을 찾아야 한다고 답한 것으로 기억된다. 이렇게 동양과 동아시아를 주목하기 시작한 것은 그리 오래되지 않았으며, 그것도 동아시아인들 자신이 아니라 서양인들이 먼저 동아시아를 주목하기 시작한 것이다. 이 배경에는 '서구의 몰락'과 '동아시아의 부상'이라는 거대한 역사적 전환의 조짐과 더불어 그것이 단순히 경제와 정치, 군사 등의 분야에 국한된 것이 아니라 문화와 사상 등 문명사적 전환이라는 의미가 함께 포함되어 있었다.

100년도 채 안 된 지난 20세기 초엽만 하여도 사정은 전혀 이와 달랐다. 유럽과 미국의 서구는 그야말로 승승장구하면서 전 세계를 지배해간 반면, 일본은 그나마 서구의 훌륭한 학생이 되어 상황이 달랐지만 한국과 중국 등 동아시아 여러 나라는 여타 제3세계권 나라와 더불어 하루가 다르게 작아져만 갔다. 당시 동아시아의 지식인들은 국가의 멸망은 물론 수천 년간 지켜온 문명과 심지어 황인종의 인종적 멸절에 대한 위기감마저 갖기에 이르렀다. 이러한 상황에서 그들은 자신의 문명에 대해 자긍심을 잃은 채 수치심에 떨며 자신들의 과거를 애써 부정하고 잊으며 폐기하기에 급급했다. 물론 서양인들의 시선도 결코 긍정적이거나 호의적이지 않았다. 한마디로 서구의 세기, 서양의 시대가 도래한 것이었다.

그런데 지난 세기 말로 오면서 서양인들이 하나 둘 동아시아를 주목하기 시작한 것이다. 이것은 무엇보다 비약적인 경제발전 탓이었다. 두 차례의 세계대전을 거친 뒤 식민지들이 독립하는 등 세계질서가 전면적으로 재편되는 가운데 흔히 '네 마리 작은 용(四小龍)'으로 일컬어지는 한국과 타이완, 홍콩, 싱가포르가 비약적인 경제발전을 하게 되면서 세계인들의 주목을 끌게 된 것이다. 이제 이 지역의 나라들만이 왜 이토록 급속한 경제발전을 하게 되었는지를 자연스럽게 묻게 되었으며, 나름의 답들을 내놓게 되었다.

먼저 한 무리의 대답은 주로 정치경제적인 것이었다. 이 지역의 국가들은 하나같이 친서방 자본주의 경제체제를 가졌기 때문에 이토록 경제성장을 하였다는 것이다. 호프하인즈와 샘슨, 힉스, 레딩과 같은 학자들이 주로 이러한 주장을 내놓았는데, 이들은 대부분 경제학자들이었다. 하지만 이러한 대답은 충분치 않았다. 무엇보다 친서방 자본주의 경제체제를 선택한 국가들이 이 네 나라 말고도 많았기 때문이다.

이에 다른 한 무리의 학자들은 이와 달리 문화적인 대답을 내놓았다. 바로 이 네 나라의 문화적 공통성에 주목한 것이다. 여기에서 문화적 공통성이란 다름 아닌 유교 문화전통이다. 대표적인 학자들로 칸이나 버거와 같은 이들이 있으며, 여기에 뒤늦게 일본의 모리지마와 시마다 겐지, 타이완의 김요기(金耀基), 한국의 김일곤 등과 같은 동양학자들이 합세하게 되었다. 결론적으로 이들은 이 지역의 비약적 경제발전이 친서방 자본주의 경제체제를 유지한 것에 그 원인이 있기도 하지만 보다 심층적이고 근본적인 원인은 유교 문화전통에 있다는 것이다. 이것을 달리 말하면, 유교 문화전통이 있었기 때문에 이 지역의 비약적인 경제발전이 가능했다는 것이며, 나아가 유교 문화전통이 자본주의 경제발전에 긍정적 기여를 했다는 것이다. 이들은 유교 문화전통 가운데 특히 가족 중심, 교육 중시, 근면과 신뢰 강조 등을 들고 나왔다.

이제 상황은 급전되기 시작했다. 자본주의 경제발전과 유교 문화전통에 잔뜩 자신감에 차오른 이 지역 출신의 유교 연구자들은 유교의 부흥을 부르짖기 시작한 것이다. 이들은 이 지역의 경제를 더욱 발전시키기 위해서 반드시 유교 문화전통과 유교적 가치를 더욱 더 발굴하고 높이며 발전시켜야 한다고 주장하였다. 이들은 이미 유교 문화전통이라는 문화론적 입장에 서서 일찍이 이 지역의 경제발전을 설명한 칸이나 버거와 입장이 달랐다. 칸과 버거는 문화론적 입장에 서서 설명하였을 뿐 '(과)학자'로서의 모습을 가지고 있었지만, 이들은 핏속에 유교라는 '문화유전인자'를 가진 자들로서 학자이면서도 동시에 스스로 유교 문화전통의 '부흥사' 혹은 '전도사'로서의 사명도 자임했던 것이다.

한편 이들은 20세기 초 독일의 사회경제학자인 막스 베버를 비판하는 데 열을 올렸다. 베버는 일찍이 그의 대표적 저서인 『프로테스탄티즘의 윤리와 자본주의 정신』에서 프로테스탄티즘의 윤리와 합리성이 자본주의 경제발전에 긍정적 역할을 하였음을 분석한 뒤, 같은 관점과 방법으로 『유교와 도교』에서 유교와 도교의 윤리나 정신이 자본주의 경제발전에 저애가 되었음을 밝혔다. 유교와 자본주의 경제발전의 관계에 대한 베버의 분석이 그 당시 중국으로 보아서는 타당한 듯 여겨졌다. 하지만 세기 말로 오면서 '유교문화권'의 비약적인 자본주의 경제발전으로 상황은 달라져 버린 것이다. 앞에서 보았다시피 이제 도리어 유교가 자본주의 경제발전에 긍정적 기여를 하였음을 말해야 할 상황이 도래한 것이다. 지난 긴 시간 동안의 억눌림을 분풀이하듯 동양의 유교 연구자들은 베버에 대한 비판을 쏟아냈다. 그 결과 베버는 동양을 얕잡아본 전형적 근대 서구 중심주의 학자로 낙인이 찍혔다.

이렇게 자본주의 경제발전으로부터 시작된 유교에 대한 재평가 작업은 유교를 위시한 전통의 여타 사상과 전통 자체에 대한 재평가와 재인식의 계기를 마련하였으며, 결과적으로 이에 대한 자긍심을 넘어 자신감마저 갖기에 이르면서 '동아시아의 세기'를 맞을 준비를 서두르게 되었다. '동아시아 담론'은 바로 이러한 배경 속에서 갖가지로 제기된 것이다. 서양이 경제적으로뿐만 아니라 그 근원에서부터 여러 문제점을 드러내고 한계를 노정하자 자신감에 가득 찬 동아시아의 학자들은 마치 전통의 철학사상 속에 비방이라도 간직된 듯 만병통치의 묘약처럼 들고 나오고, 여기에 서양의 일부 학자들마저 합세하면서 담론의 열기는 더욱 뜨거워졌다. 따라서 담론의 거품도 자연스레 뒤따랐다.

지금에 와서 뒤돌아보면, '유교자본주의론자'들은 무척 들떠 있었던 것 같다. 그들은 너무 흥분되어 있었고, 목소리는 지나치게 컸던 것 같다. 그들이 그렇게 목청 돋워 베버를 비판하였지만, 그들이 학문한 방법과 태도는 베버의 것을 그대로 따른 베버의 아들, 바로 베버리안이었으며, 그것마저도 제대로 배우지 못한 불량 학생의 모습을 많이 보였다. 그래도 베버는 직업으로서의 학문과 학문에 있어서 가치중립성을 강조하였지만, 그의 아들들은 그렇지를 못하였다. 그 결과 그들의 말처럼 정말 유교가 그렇게 자본주의 경제발전에 큰 역할을 하였다면, 왜 진작 유교가 성행하였던 전근대의 전통 시대에 자본주의 경제가 발전하지 못했느냐는 비아냥과도 같은 비판을 받게 되었으며, '유교사회주의'와 같은 유사, 변종 담론마저 불러오게 된 것이다.

다시 한번 되물어 보기로 하자. 유교는 과연 자본주의 경제발전에 순기능을 하였는가? 물론 그런 점이 있다. 그렇다면 유교는 과연 자본주의 경제발전에 역기능은 하지 않았는가? 당연히 그런 점도 없을 리 없다. 그렇다면 어느 한편만을 들어 담론을 펼친다는 것이 과연 옳을 수 있겠는가? 더욱이 그러한 담론이 지금에 와서 무슨 소용이 있겠는가? 유교 부흥의 당위를 애써 마련하기 위해서라거나 유교에 대한 호교론을 펼치기 위해서라면 모를 일이지만.

신자유주의의 물결과 기로에 선 현대 자본주의

지난 세기 말 소련과 동유럽의 사회주의 체제가 붕괴되어 동서 냉전시대가 막을 내리면서, 이제 자본주의 체제의 영원한 승리가 보증된 듯하였다. 말 그대로 '이데올로기'도, '역사'도 종언을 고하고 자본주의의 앞날에는 탄탄대로가 끝없이 펼쳐지는 것 같았다. 이에 따라 전 세계는 쓰나미처럼 하나의 시장체제로 휩쓸려 들어갔다. 바로 신자유주의의 물결이 온 지구에 넘실대기 시작한 것이다. 우리가 지금 목도하고 있는 자본주의는 옛날 옛적 근대 자본주의가 아니라 신자유주의의 물결과 함께 닥쳐오는 자본주의이며, 따라서 지금 유교가 정작 고민하고 발언해야 할 자본주의도 바로 이러한 자본주의일 것이다.

실은 신자유주의도 자유주의이고, 현대 자본주의도 자본주의이다. 그리고 그 본질은 정글의 법칙처럼 강자의 이익이 보장되는 '시장의 자유'이다. 다만 그것은 시간과 공간적으로 일체의 장벽을 걷어치우고 완전하면서도 무한한 시장의 자유를 꿈꾸고 실현시키려 든다는 점에서 차이가 있다. 우리나라도 이러한 '역사적 조류'에 발맞춰 나가고 한발이라도 앞서 나가기 위해 칠레, EU, 미국 등에 이어 중국과도 무역장벽을 허무는 FTA 협상을 서두르고 있다.

자유, 그건 참으로 우리 인간들에게 고귀하고 절실한 것이다. 어찌 보면 생명보다도 더 고귀하고 절실한 것일 수 있다. 그렇다면 신자유주의가 말하는 자유는 어떠한가? 이것은 과연 우리 인간들에게 진정한 행복을 가져다줄 수 있는가? 이 질문 앞에서 우리는 주저하고 머뭇거리지 않을 수 없게 된다. 결국에는 그들도 그렇게 되지 못할 수 있겠지만, 일단 어느 누군가는, 그것도 극소수의 어느 누군가는 행복해질 수 있을 것이다. 하지만 절대 다수의 사람들에게는 행복이 아니라 도리어 불행을 가져다 줄 것임에 틀림이 없다. 그것은 무엇보다도 그들이 부르짖는 자유가 '인간의 자유'가 아닌 '돈의 자유', '자본의 자유', 바로 '시장의 자유'이기 때문이다. 돈을 가진 자, 자본을 가진 자, 그래서 시장을 장악한 자는 자유를 누릴 수 있겠지만, 그렇지 못한 자는 결코 그럴 수 없을 것이다.

프랑스의 저명한 사회철학자인 피에르 부르디외는 1998년 「르몽드 디쁠로마띠끄」의 「신자유주의의 본질-실현 과정에 있는 무한 착취의 유토피아」란 글에서 "신자유주의란 무엇인가? 그것은 순수-시장의 논리에 방해가 될 소지가 있는 집단적 구조물들을 파괴하는 프로그램이다"라고 말하였다. 그는 신자유주의란 유토피아는 순전한 허구, 현실에 대한 과도하고 그릇된 추상에 의거한 순전한 허구인 아담 스미스 이래의 신고전파 경제이론을 이론적 기초로 하고 있다면서, 원천적으로 탈사회화되고 탈역사화된 이 이론은 오늘날 과거 그 어느 때보다도 더 스스로가 '참으로 되는' 즉 경험을 통한 검증으로 자신이 진리임을 입증할 수 있는 수단, 곧 자신이 그것의 현상 유지에 기여하고 있는 힘-관계의 세계의 모든 힘들(기득권적인 것들)을 자기편으로 삼고 있기 때문에 매우 강력하고 또 논파하기 어렵다고 말하였다. 또한 이 신자유주의 이론은 이론적 차원에 머무르지 않고 강력한 정치적, 정책적 노력이 더해짐으로써 국가를 위시한 크고작은 집단체들을 파괴, 해체시키고 원자화시키고 있다고 비판하였다.

신자유주의는 무엇보다 시장의 지배를 강조한다. 이런 점에서 '보이지 않는 손'을 말한 신고전파 경제학자 아담 스미스의 충실한 아들이다. 그것은 국가로부터 어떠한 제약도 받지 않는 자유로운 기업 활동을 요구하며, 자본과 상품 및 서비스의 자유로운 이동을 강조한다. 그러면서 그것은 늘 이것이야말로 경제성장을 촉진시키는 최선의 방법이며, 경제성장은 궁극적으로 모든 사람을 이롭게 할 것이라면서 설득한다. 그러나 현실은 그렇지 못하다. 기업 활동은 자유로워지고 자본과 상품, 서비스가 국가의 장벽을 넘어 자유롭게 넘나든 반면 노동자의 목소리는 잦아들고 임금은 깎였으며, 왠지 축적된 부는 위에서 '넘쳐' 아래로 흐르지 않고 국가와 기업, 집단, 계급과 계층, 개인 간 격차만 커져 가고 있다.

반면 신자유주의는 정부 역할을 축소한다는 미명 아래 교육이나 보건과 같은 사회적 서비스를 줄일 것을 요구하며, 경영의 효율성을 높여야 한다는 미명 아래 은행이나 공항, 철도, 고속도로, 전기, 병원, 학교 등과 같은 국가 소유의 공기업들을 민영화할 것을 주장한다. 그 결과 그곳에서는 '공공선'이라든가 '공동체'라는 말이나 의미를 찾아보기가 어렵게 되었다. 교육과 보건의료 등의 일차적인 책임은 개인에게 있으며, 그 책임을 감당하지 못하면 그것은 개인이 게을렀거나 무능했기 때문이라고 생각한다.

신자유주의의 폐해는 우리의 눈앞 도처에서 다양한 모습으로 펼쳐지고 있다. 실로 '만인에 대한 만인의 투쟁' 광경이 펼쳐지고 있다. 무한 경쟁의 상황에 던져지면서, 승자든 패자든 내일을 기약하지 못한 채 모두가 불안에 떨고 있으며 행복해하지 못하고 있다. 전 세계적으로 20:80의 사회는 굳어져가고, 이를 넘어 1%의 극소수가 지배하는 사회가 도래하고 있다. 급기야 '월가를 점령하라!'라는 구호에 전 세계인들이 호응하고 나섰다. 신자유주의의 '시장'에서 진정으로 '자유'를 획득한 자는 '돈', 곧 '자본'이며 그것을 장악한 자뿐이다. 그런데 그것마저 금융위기를 맞으며 휘청대고 있다. 마침내 자본주의가 기로에 섰다는 말이 여기저기에서 들려오고 있다. 이즈음에서 우리는 과연 무엇을 위해 경쟁하는지, 어디를 향해 달려가는지, 그리고 나는 무엇을, 어떻게 해야 할지를 묻지 않을 수 없다.

'공자왈', 유교는 무엇을 말할 것인가?

한국과 중국 등 동아시아인들이 길게는 2천여 년, 짧게는 수백여 년 '문화유전인자'로 간직해왔던 공자의 유교가 근대 자본주의 앞에서 주눅이 들었던 것은 사실이다. 일찍이 공자는 이익(利)을 볼 상황을 맞으면 반드시 의로움(義)을 먼저 생각하라고 가르쳤고, 맹자도 반갑게 맞이하는 임금 앞에서 자신은 의로운 일에 대해 말하러 찾아왔지 이익 되는 일을 말하러 찾아온 것은 아니라고 말하였으며, 시장에서 혼자서만 이익을 챙기는 것을 '농단'이라고 비판하였다. 이렇듯 공자와 맹자의 유교는 근본적으로, 혹은 체질적으로 반자본주의적이고 반시장적인지 모른다. 바로 이 때문에 유교가 시장바닥에서 잘 적응하지 못하고 자본주의 앞에서 굼뜬 모습을 보였을 수 있다.

그렇지만 유교가 자본주의 발전을 저애했다거나 한 걸음 더 나아가 유교 때문에 자본주의가 발전하지 못하고 경제발전을 이루지 못했다고 말하는 것은 아무래도 무리가 있다. 사실 이러한 생각은 굳이 막스 베버만이 아니라 당시 동아시아의 지식인들 대부분도 공유한 생각이라고 볼 수 있다. 그렇다고 뒷날 '유교자본주의론자'들처럼 유교와 그 문화전통이 있었기 때문에 동아시아 '유교문화권'의 비약적인 경제발전이 가능했다고 말하는 것도 무리가 있으며, 그렇기 때문에 오늘날 유교를 다시금 살려내야 한다고 말하는 것은 더욱 무리가 있을 것이다. 굳이 말한다면, 유교는 자본주의 경제발전에 순기능도 하였을 것이고, 역기능도 하였을 것이다. 달리 일정하게 기여하였다고 말할 수도 있을 것이다. 그리고 유교와 그 문화전통을 오늘날 되살릴 필요가 있을 수 있겠으나, 그것이 자본주의 경제발전에 기여한 바가 컸기 때문에 그렇게 해야 한다고 말하는 것은 온당치 않다고 생각한다. 더욱이 자본주의가 무슨 절대적 기준이거나 절대선(絶對善)인 것도 아니고, 그것마저 생사의 기로에 서서 허덕이고 있는 마당에 있어서랴!

이렇듯 유교가 곧장 시장바닥으로 나서서 무슨 이득되는 교설을 쏟아낸다는 것은 도무지 제대로 된 모양새가 아니라고 생각한다. 그렇다고 시장바닥은 나설 곳이 못 되니 모두 떠나야 한다고 말할 것도 아니라고 생각한다. 오늘날 누구도 시장으로부터 자유롭지 못하다. 누구도 시장을 완전히 떠날 수는 없다. 그렇다면? 그리고 유교는? 아무래도 유교는 아무런 생각 없이 시장바닥에 휩쓸려 드는 것을 맨 먼저 경계할 것이다. 소위 '장돌뱅이'가 되는 것을 말이다. 어쩔 수 없이 시장바닥에 선다고 해도 인간으로서 최소한의 인간다움을 가질 것을 요구할 것이다. 돈과 권력, 공자와 맹자는 진작부터 돈과 권력 앞에서 흔들리거나 굴하지 말 것을 강조하였다. 그리고 그럴 수 있기 위해서는 어떻게 해야 하는지를 수없이 말했으며, 그럴 수 있을 때 참다운 나일 수 있고 참다운 인간일 수 있다고 말하였다.

앞에서 말한대로 신자유주의 물결이 넘쳐 나는 현대 자본주의 시장에서는 돈만이 활개를 치고 있다. 인간은 사라져버렸다. 나도 사라지고 우리도 사라져버렸다. 이런 적나라하고 참담한 상황일수록 참으로 우활(迂闊)한, 그야말로 빙빙 돌아가는 얘기이지만, 나부터 정확히 현실을 직시하고 깨어있어야 한다. 결코 올바른 현실이 아니라는 것을. 그리고 돈의 노예가 되지 않겠다는 각오를 다져야 한다. 스스로 일어서지 않으려는 자, 누구도 세울 수 없다. 시작은 나로부터 일 수밖에 없다. 공자와 맹자가 입이 닳도록 한 말이다.

돈의 노예가 되지 않는 길, 그건 바로 돈의 주인이 되는 길이다. 자본주의는,

특히 현대 자본주의는 인간의 끝없는 욕망을 부추기며 생존하고 있다. 욕망은 끝없이 욕망을 재생산한다. 이에 따라 시장바닥의 사람들은 허겁지겁 욕망을 채우기에 여념이 없고, 이를 위해 돈을 좇기에 여념이 없게 된다. 하지만 사람들은 늘 부족함에 허덕이게 되고, 어느샌가 돈이 주인의 자리를 차지해버리고 만다. 어느 지점에선가는 멈춰야 한다. 아니 멈출 수 있어야 한다. 그렇지 않는 한 이 '윤회'와도 같은 사슬을 결코 끊을 수 없다.

이렇게 자신을 바로 세우고 나서 주위를 둘러보고 나눌 수 있어야 한다. 모두들 자기 몫이 적다고 아우성이다. 자기 입장에서 보면 다 그럴 수 있다. 적든 많든 그것은 다 전체의 몫에서 나눠가진 것이다. 무엇보다 분배는 정의로워야 한다. 그러나 이것만으로 충분치는 않다. 마음가짐이 중요하다. 늘 자신의 몫이 정당한가를 생각해야 한다. 많이 나눠가진 자는 더욱 그런 생각을 가져야 한다. 그리고 많이 나눠가진 자는 설사 자신의 몫이 정당하다고 할지라도 그것이 적게 가진 자의 피땀으로부터 왔다는 마음을 늘 가져야 한다. 사실 그렇기도 하다. 이것은 꼭 마르크스의 생각을 빌려 하는 말이 아니다. 그렇게 될 때에만 '따뜻한 우리'가 되고, '아름다운 공동체'를 이룰 수 있으며, 궁극적으로 '참다운 나'를 완성할 수 있기 때문이다. 이것이 참으로 공자와 맹자가 생각한 바이다. 한갓 '공자왈, 맹자왈'로 치부해버릴 것만은 아니라고 생각한다.

더 읽을거리

로이 호프하인즈, 캔트 캘더, 『동아시아의 도전』, 이규행 옮김, 을유문화사, 1983.
한국철학사상연구회, 『현대신유학 연구』, 동녘, 1994.
조경란, 『현대 중국사상과 동아시아』, 태학사, 2008.
왕후이 외, 『고뇌하는 중국』, 장영석 외 역, 길, 2006.
데이비드 하비, 『신자유주의』, 최병두 역, 한울, 2007.

| 다섯 번째 강의 |

시장을 바라보는 인문학의 시선들

–양종근(대구대학교 인문과학연구소)

변질된 소통과 교류의 공간

시장은 원래 물물교환이 이루어지던 공간이었다. 물물교환은 내가 만들 수 없는 것을 얻기 위해 내가 만들 수 있는 것을 내놓고 서로 필요한 물건을 가져가는 이른바 '윈-윈'의 공간이었다. 이후 화폐(돈)가 중재를 하게 되긴 하였지만, 서로의 필요를 충족시킴으로써 삶의 질을 더욱 윤택하게 만드는 시장 본래의 기능은 사회적 존재로서의 인간의 의의를 만끽하게 해주는 중요한 역할을 수행해 왔다.

많은 물건들이 상품으로 전시된 시장에 가면 인류가 축적해 온 기술적 발전을 한 눈에 볼 수 있으며, 따라서 시장의 발전은 인류의 역사 발전을 엿볼 수 있는 중요한 참조점이 될 수 있다. 물론 시장에 전시된 상품들이 기술적 발전만을 반영하고 있는 것은 아니다. 우리는 어떤 상품을 구입할 때 그것의 기능적 측면만을 고려하지는 않는다. 상품 구매에 있어서 중요한 역할을 하는 것 중 하나는 그것의 '디자인' 즉 미적인 측면이다. 이런 의미에서 시장은 단순히 인류의 기술적 집약소일 뿐만 아니라 인류의 예술적, 미적 감수성과 유행이 결집해 있는 곳이기도 하다.

시장의 또 다른 기능 중 하나는 '소통'의 공간으로서의 역할이다. 전통적으로 광장에 펼쳐진 시장은 다른 지역의 상품을 소개하고 판매하려는 상인들에 의해 타 지역의 소식이 전해지는 중요한 정보 교환의 장소이기도 했다. 인터넷 시대에서도 이와 같은 정보 공유와 소통의 장으로서의 시장의 역할은 퇴색되지 않고 있다. 일례로 주식시장의 경우 주식가격의 변동에 중요한 변수가 되는 국제적, 사회적, 기술적 기류를 종합적이고 다각적으로 분석하는 일이 필수적으로 요구된다. 인터넷 구매의 경우에도 우리는 다른 사람들의 구매 후기나 타사 제품에 대한 정보 혹은 새로 출시하게 될 제품에 대한 정보들을 공유한 후 구매를 결정하게 된다.

이처럼 시장은 기술적, 예술적으로 인류가 발전시켜 온 성과물들을 공유하고 교류하게 하는 중요한 소통의 장으로 기능해 왔다. 시장은 사회의 다른 공간들처럼 인간을 더욱 인간답게 살 수 있도록 사회적 삶을 지원하고 지탱하는 중요한 기능을 담당해 온 것이다. 그러나 시장의 사회적 역할에 대한 이와 같은 평가는 지나치게 원론적이거나 나이브한 것이라는 비판이 제기되는데, 그것은 지나치게 커져버린 시장의 사회적 역할에서 그 원인을 찾을 수 있다. 시장의 사회적 순기능은 그것이 사회적 기능과 역할 그리고 가치를 전적으로 떠안으려고 할 때 사라지게 된다. 다시 말해 사회의 다양한 제도와 장치들 그리고 질서와 가치들을 시장을 기준으로 혹은 시장의 가치에 비추어 평가하고 제단하려고 할 때 사회적 질서와 조화는 흔들리게 된다.

사회를 지탱해 가기 위해서는 다양한 가치지향과 이념 그리고 이를 실현할 수 있게 해주는 유무형의 제도들이 존재한다. 그러나 시장 가치만이 사회의 유일한 가치로 예외적인 추앙을 받게 된다면 사회는 위기에 처하게 된다. 시장 원리를 신봉하는 사람들은 '보이지 않는 손'이 있어서 시장이 자율성을 지니게 되면 스스로 잘 굴러갈 수 있을 것이라고 주장하지만, 현대 사회를 위협하는 대표적인 현상 중 하나가 바로 사회 전체가 하나의 시장으로 변질되어 버리는 '시장사회화' 현상이다. 시장사회화의 특징을 단순하게 표현하자면 "시장에 팔 수 없는 것은 만들지도 생각하지도 마라"이다.

요즘 젊은이들은 '예의가 없다'고 또는 '개념 탑재가 안 되어 있다'고들 습관적으로 말한다. 그러나 우리의 어린이들과 청소년들에게 예의나 개념을 가르친 적이 있던가. 부모님들은 자녀의 성적에만 관심이 있고 입시 위주의 학교 교육 또한 '서울대에 몇 명 입학시킬 수 있는가'에만 골몰하고 있지 않은가. 가정에서도 학교에서도 배운 적이 없는 것을 어찌 습득할 수 있을까. 사실 입시 위주의 교육 자체가 인간을 좀더 고가의 상품으로 인력시장에 내놓기 위한 방편이 아닌가. 서울대를 꼭짓점으로 해서 대학의 간판에 따라 손쉽게 인간의 등급을 일렬로 서열화해 놓은 교육시스템 속에서 우리는 교육을 받아왔다. 대학 간판은 한 인간의 상품으로서의 등급을 말해주는 지표의 역할을 하고 있다.

대학생들의 가장 중요한 장래에 대한 관심사 중의 하나는 바로 '취업' 문제일 것이다. 취업은 바로 자기 자신을 인력시장에 상품으로 판매하는 행위이다. 연봉과 기타 후생복리는 상품으로서의 개인의 가치를 말해주는 중요한 기준이 된다. 따라서 대학생들은 자신의 상품으로서의 가치를 조금이라도 더 높이기 위해 인력시장(취업시장)이 요구하는 자질들, 다시 말해 스펙을 쌓기 위해 불철주야 노력한다. 토익이나 텝스 등에 많은 시간을 할애할 수밖에 없는 것은 시장이 그것을 취업준비생들에게 요구하기 때문인 것이다.

비단 우리의 교육만이 시장논리에 매몰되어 있는 것은 아니다. 사회 구성원 개개인의 존엄과 행복은 철저하게 외면당하고, 문화와 공공 사회 제도를 포함한 사회의 모든 영역들에서 개인들은 무한경쟁에 시달리고, '돈=행복'이라는 유일한 사회 가치에 복속되어 버렸다.

> 대학 교육에 철저한 시장 원리가 도입되고 문화 영역과 공공의 사회 제도들이 시장 논리에 종속당하며 가족, 집단의 목표와 가치가 점점 시장 조작과 '돈'에 의해 규정되는 사회, 기업 자본주의적 사고방식과 행동 양식이 경제 영역을 넘어 사회 문화적 권력까지도 장악하고 중요한 공영역적 가치들이 오로지, 그야말로 오로지, 시장 논리라는 것 하나로 재단되는 사회에서 성장 세대는 무엇을 배우고 교육은 '돈' 이외의 무엇을 목표로 할 수 있는가? … 사회적 공영역으로서의 교육이 지금 최대의 목표, 아니 사실상 유일한 목표로 삼고 있는 것은 '돈 버는 인간'의 생산이다.[1]

다소 풍자적으로 말하자면, "누가 헌금을 더 많이 냈는가?"로 하느님에 대한 믿음을 증명하자던 어느 목사님의 말씀은 종교적 믿음을 헌금액의 양으로 평가하는 대표적인 시장주의적인 사고방식을 잘 보여준다. '시장 원리에 기초한 자본주의'라는 말을 우리는 별다른 의식 없이 우리 사회를 규정하는 데 사용하고 있지만, 실제로 자본주의는 시장논리 이외의 다른 어떤 논리도 허용하려 하지 않는다는 점에서 비인간적이며 독선적이다. 이러한 사회에서 개인의 행복이 스펙을 열심히 쌓는 것만으로 얻어질 수 있겠는가. "나만 아니면 된다."라는 식의 편협하고 개인주의적인 의식으로 진정 우리 개인들은 행복할 수 있을까.

시장논리와 인문학의 관계

지젝은 우익과 좌익 진영의 지식인들을 다음과 같이 신랄하게 비판한다. "우익의 지식인은 주어진 현 질서를 옹호하기만 하는 악당이고 순응주의자이며, 좌

1 도정일, 『시장전체주의와 문명의 야만』, 생각의 나무, 2008, 134-135쪽.

익의 '유토피아'적인 계획이 필연적으로 재난을 초래한다며 좌익을 비웃는다. 반면에 좌익의 지식인은 현 질서의 거짓말을 공개적으로 드러내 보이지만 자신의 말의 실행력을 중지시키는 방식으로만 그렇게 하는 바보이고 궁중의 어릿광대이다. 오늘날 사회주의 몰락 이후 악당은 자유시장에 대한 신보수주의적 옹호자가 되는데, 그는 모든 형태의 사회적 결속을 비생산적인 감상주의라고 무참하게 거부하고 있다. 반면에 바보는 해체주의 문화비평가가 되는데, 그는 현존하는 질서를 '전복하기'로 정해진 놀이 방식들에 의하지만, 실제로는 그것의 보충물로서 일한다."[2]

그에 따르면, (자유시장의 다른 이름인) 자본주의를 용인하는 사람들은 '악당'이 되고, 좌파적 입장에서 비판하는 사람들은 '바보' 혹은 '어릿광대'가 된다. 자본주의는 자본가와 노동자, 부자와 가난한 자 사이의 불평등한 계급관계에 기반해 있기 때문에, 이를 용인한다는 것은 부도덕하고 정의롭지 못한 것이 된다. 반면에 소위 좌파 지식인들은 현 질서의 거짓말을 폭로하고 숨겨진 진실을 말하는 것처럼 보이지만, 실제로 자본주의적 질서와 방향을 실제로 바꾸어내는 것에는 무능력하거나 무관심하다는 점에서 현실에 순응적인 사람들일 뿐이다. 마치 동전의 양면처럼 우익이건 좌익이건 어느 누구도 현재의 지배 질서를 변화시키는 일에 관해서는 신뢰할 수 없다.

여기에 하나를 덧붙여 이렇게 질문할 수 있겠다. 자본주의에 무관심한 사람은? 아마도 그에 대한 적절한 답은 '무뇌아'가 아닐까? 이 대답은 너무 혹독한 표현일 수도 있겠다. 하지만 자신이 몸담고 살아가고 있는 이 사회, 자신의 존재 형식과 의식 구조를 지배하고 결정할 수 있는 사회의 영향력에 둔감하게 눈을 감고 살아가도 괜찮은 것일까. 나와 나를 둘러싼 좁은 세상 일에만 관심을 보일 뿐, 일상의 엄청난 무게에 짓눌려 하루하루를 힘겹게 살아가는 현대인들에게 보다 넓

2 슬라보예 지젝, 『환상의 돌림병』, 김종주 역, 인간사랑, 2002, 96쪽.

게, 보다 깊이 있게 세상을 이해하고 살아가기를 기대하는 것이 오히려 무리한 요구일지 모른다. 니체의 더욱 잔인한 표현처럼 우리 시대의 현대인들은 그냥 생존 자체가 목적인 삶을 살아가고 있을 뿐이다. 그의 말처럼 현대사회에서는 "아무도 생존의, 노동의, 더군다나 '행복'의 권리를 갖고 있지 않다. 개개의 인간에 관해서도 사정은 가장 저급한 곤충에 비해서 전혀 달라진 데가 없다."[3]

벤야민 또한 시대진단에는 니체와 주장을 같이한다. 니체보다 한 세대 뒤인 벤야민의 시대에도 상황은 크게 나아지지 않은 듯하다. 벤야민은 부르주아 사회 전반에 만연해 있는 비판과 반성 능력의 부족, 동질적 사유에 갇혀 일상적 안락과 안위만을 추구하지만 궁극적으로 다가올 삶의 위험과 무기력함에 대해서는 무지한 대중에게 각성과 도취의 정신적 충격을 주고자 한다. "오로지 자신의 얄팍한 안위만을 염두에 두는 구성원들이 모인 인간 사회는 동물적 우둔함을 보여주면서 그나마 우둔한 동물만큼도 상황 파악을 하지 못한 채 모든 위험에, 그것도 바로 눈앞의 위험 속에 빠져드는 맹목적 대중이 된다. 개개인이 추구하는 목표가 다르다고 해도 그것은 전체를 규정하는 동질적 힘에 비해 하찮은 것이 된다. 언제나 드러나듯이 그들은 자신들에게 익숙한 삶, 그러나 이미 오래전에 잃어버린 삶에 너무 집착한 나머지 심지어 절실한 위험의 순간에서조차 지성의 인간다운 사용법, 즉 예견의 능력을 발휘하는 데 실패한다. 이렇게 해서 이 사회 안에는 우둔함의 상이 완성된다 : 불확실성, 그렇다. 삶에 필요한 본능의 전도 현상과 지성의 무기력과 몰락, 이것이 독일 부르주아 전체의 상황이다."[4] 벤야민에게도 현대의 인간들은 우둔한 동물들보다 더 우둔한, 다가올 위험을 감지조차 하지 못하는 무기력하고 무능력한 상황에 처해있는 것으로 그려진다.

인문학자들의 시대진단에는 다소간의 과장과 극단적인 표현이 섞여있게 마

3 프리드리히 니체, 『권력에의 의지』, 강수남 역, 청하, 1988, 444쪽.

4 발터 벤야민, 「일방통행로」, 『일방통행로/사유이미지』, 김영옥, 윤미애, 최성만 공역, 도서출판 길, 2007, 85쪽.

련이다. 그러나 생존이 위협받는 시대, 노동이 소외된 시대, 그리하여 행복을 꿈꾸지 못하는 시대 속에서 현대인들은 자신의 가장 기본적인 권리들을 박탈당한 채 마치 '곤충'과도 같은 삶을 살아가고 있다는 니체의 진단은 과장이나 극단적인 표현으로 들리지 않는다. 카프카의 『변신』에 나오는 바퀴벌레를 닮은 벌레로 변신한 주인공 그레고르는 현대를 살아가는 우리의 모습과 너무도 닮았다. 그리하여 "현대를 가장 보편적으로 특징짓는 것은 믿기 어려울 만큼 존엄을 상실해 버렸다는 점이다."[5]라는 니체의 주장은 아픈 상처로 스스로를 돌아보게 만드는 쓸쓸한 자기 고백이다.

존엄성을 상실한 채, 하루하루를 힘겹게 살아내는 현대인들, "모두 병들었는데 아무도 아프지 않"(이성복, 「그 날」)고 살아가는 병리적인 우리의 모습을 어떻게 하면 치유할 수 있을까. 치유를 위해서는 올바른 진단이 필요할 터인데, 그 원인을 자본주의적인 과도한 '경쟁'과 그에 따른 소외와 불안으로 말해보면 어떨까. 이러한 진단은 상투적인 것처럼 보이지만, 실제로 많은 철학자들은 현대적 삶의 양태와 원리에 대한 비판의 가장 높은 자리에 '자본주의'를 앉히기를 주저하지 않았다. 냉전시대가 끝나고 자본주의의 승리가 공공연하게 지배적인 세계원리로 공고해지고 있는 현실에서, 신자유주의라는 이름의 새로운 국면으로 자본주의가 변모해가는 21세기 초입부에서 다시 자본주의를 문제삼는 것은 시대착오적이거나 반시대적이거나, 지나치게 순진한 입장으로 회귀하는 것일지도 모르겠다. 그러나 인문학이라는 것 자체가 시대의 도도한 물결을 거스르는 반시대적 고찰을 의미하는 학문이 아니던가. 결을 거스르는 고통스러운 쾌락이야말로 인문학의 사회적 존재 이유이자 소임이라면 이 어긋난 시간성에 스스로를 맡겨보는 것도 흥미있는 일이 될 것이다.

5 니체, 앞의 책, 38쪽.

문학 작품 속 시장논리와 개인의 삶

얼마 전에 인기리에 종영한 TV 드라마 〈시크릿 가든〉의 주인공인 김주원은 로엘 백화점 사장이자 재벌가의 촉망받는 후계자이다. 그가 버릇처럼 내뱉는 말 중 “사회지도층의 윤리”란 표현이 인상적이었다. 이 말은 언뜻 두 가지 서로 다른 생각을 떠올리게 만들었는데, “우리 사회의 사회지도층에게 정말 윤리란 것이 있을까?”라는 것과 “백화점 사장이 사회지도층인가?”라는 전혀 연관 없는 두 가지 물음이었다. 첫 번째 질문에 긍정적으로 답할 사람이 많을 것 같지는 않다. 최근의 국회의원 선거에서 논문표절과 성추행 사건으로 시비에 오른 당선자들을 통해 알 수 있듯이 우리 사회의 지도층 인사라는 자들의 도덕적 해이와 윤리적 불감증은 심각한 수준이다. 좀더 문제적이라고 생각되는 것은 두 번째 질문인데, 돈이 많다는 것이 사회지도층으로 지칭될 이유가 될 수 있다고 한 번도 생각해 본 적이 없는지라 드라마를 즐겨보는 내내 “김주원 네가 무슨 사회지도층이야?”라는 반발이 들었던 것이다. 몇 안 되는 존경할 만한 정치 지도자, 혹은 양심적 지식인들, 그리고 종교계의 몇몇 어른들께나 합당할 것 같은 ‘사회지도층’이란 말이 한낱 부자들에게 붙여지다니 운운. 그러나 우리 사회가 자본주의 사회이고, 자본주의 사회가 재화의 창출과 부의 축적을 최고의 미덕으로 삼고 있다는 점을 솔직하게 시인하고 보면, 사회지도층이란 말이 젊은 나이에 백화점 사장에 오른 (회장의 손자라서 그렇기도 하지만 능력으로도 인정받는) 김주원에게 적합할 수도 있겠구나라는 생각도 하게 된다.

이처럼 자본주의의 논리가 지배적인 사회적 원리가 되어버리면, 결국 ‘이윤’ 이외의 사회적 가치는 평가절하 당하게 되고, 사회는 이윤이라는 일원적 가치에 몰입하게 되는 일방통행로를 걷게 된다. 우리는 자유 경쟁에 기반한 시장 경제 체제를 손쉽게 민주주의와 결합시키고 있지만, 실제로 시장 경제 원리에는 피도 눈물도 없는 약육강식의 정글만이 있을 뿐이다. 시장 원리가 생경하게 지배적이었던 초기의 자본주의 모습을 통해 이러한 사실을 확인할 수 있다.

The Chimney Sweeper (Experience)

William Blake

A little black thing among the snow,
Crying 'weep! weep!' in notes of woe!
"Where are thy father and mother, say?"
"They are both gone up to the church to pray.

Because I was happy upon the heath,
And smiled among the winter's snow,
They clothed me in the clothes of death,
And taught me to sing the notes of woe.

And because I am happy and dance and sing,
They think they have done me no injury,
And are gone to praise God and his Priest and King,
Who make up a heaven of our misery."

굴뚝 청소부

윌리엄 블레이크

작고 검은 것이 눈 속에서
'뚜러! 뚜러!' 라고 외친다, 슬픈 곡조로.
"네 아빠와 엄마는 어디 계시니? 말해보렴."

"두 분 다 교회에 기도하러 가셨어요.

내가 황무지에서 기뻐하고,
겨울의 눈보라 속에서도 웃었기 때문에.
그분들은 내게 죽음의 옷을 입히고,
그렇게 내게 슬픔의 노래를 부르도록 가르쳤죠.

그리고 내가 즐겁게 춤추고 노래하기 때문에,
그분들은 내게 아무 해도 끼치지 않았다고 생각하시죠.
그리고는 하나님과 사제와 왕을 찬미하러 가버렸지요.
우리의 비참한 천국을 만드는 그들을요."

이 시는 18세기 말에서 19세기 초 영국 산업화 시기의 런던을 묘사하고 있다. 당시 도시에 들어선 공장들의 굴뚝을 청소하는 일은 대체로 소년 노동력에 의존하고 있었다. 이 일은 굴뚝에 들어가기 적합한 작은 몸집이 필요해서이기도 하지만, 어른 봉급의 1/10에도 채 못 미치는 싼 가격에 노동력을 구할 수 있었기 때문에 어린 아이들이 전담하다시피 했던 것이다. 이는 굴뚝에서 추락하거나 청소 중에 공장이 가동되어 아이들이 타죽는 등 상당히 위험한 일이기도 했었다. 이 시는 바로 이와 같은 열악한 노동환경에 내몰리는 아이들을 묘사하고 있다. 이 시의 시작은 재투성이가 되어 시커멓게 되어버린 아이의 모습과 흰 눈이 대조되어 시각적 비극성을 보여준다. 아직 올바르게 발음조차 못하는 어린 아이에게 이런 힘든 일을 시켜놓고 부모는 교회에 기도하러 갔다. 이는 부모도 종교조차도 어린 아이의 비극적 상황을 외면하는 비정한 세상의 모습을 의미한다. 웃고 있으니 아이가 행복한 줄 아는 부모들, 부모를 위해 무언가를 하고 있다는 생각으로 행복한 아이에게 아무런 해도 끼치지 않았다고 여기는 부모들, 어른들은 이렇게 아이들에게 슬픈 곡조와 죽음의 옷을 입혀둔 채 신을, 성직자를, 왕을 찬양하고 있다. 아이들에게 '비참한 왕국(heaven of our misery)'을 세워준 것은 바로 어른들의 무지와 무관심이며, 아이들의 값싼 노동력을 이용하여 이윤을 챙기려는 산업사회의 매정한 잔인함이다.

산업화 초창기, 즉 자본주의 초기에 '시장'은 사회적 약자들에 대한 배려가 전혀 없었다. 오로지 중요한 것은 생산성과 효율성뿐이었으며, 시장을 인간적으로 조정해 줄 '보이지 않는 손'을 기대할 수 없는 상황이었다. 1850년대 영국의 공업도시 코크타운을 배경으로 한 찰스 디킨즈의 『어려운 시절』은 산업화 시대의 지배적 이데올로기가 무엇이었는지를 잘 보여준다.

> "자 내가 원하는 것은 사실뿐이오. 이 아이들에게 사실만을 가르치시오. 살아가는 데는 사실만이 필요한 거요. 사실 외에는 어떤 것도 심지 말고 사실 이외의 모든 것을 학생들에게서 뽑아버리시오. 사실에 기초할 때만 이성적 사고가 가능한 인간을 만들 수 있는 거요, 선생. 아이들에겐 사실 이외의 어떤 것도 도움이 되지 못할 것이오."[6]

> 모든 면에서 사실이 너를 통제하고 지배해야 하는 거야. … 너는 공상이라는 단어를 완전히 버려야 해. 공상과 너는 아무 관계도 없으니까. … 다른 나라의 새나 나비가 네 도자기에 날아와 앉을 순 없으므로 외국 새나 나비를 도자기에 그려서도 안 되는 거란다. 네 발 짐승이 벽 위를 기어다닐 순 없으니 벽 위에 네 발 짐승을 그려서도 곤란하지. 어떤 목적을 가졌든 증명하고 논증할 수 있는 숫자들의 조합과 변형만을 사용해야 한다.[7]

---

6 찰스 디킨즈, 『어려운 시절』, 장남수 역, 푸른산, 1994, 9쪽.

7 찰스 디킨즈, 위의 책, 15쪽.

사실만을 학생들에게 가르치기를 원하고, 사실에 입각한 사고만이 이성적 사고이며, 공상은 무의미하고 무가치한 것이며, 증명과 논증 가능한 것만을 추구하는 산업화 시대의 가치가 위의 인용에 고스란히 담겨있다. 수치화할 수 있는 효용성만이 강조되는 형식적 공리주의에 대한 비판을 통해 디킨즈는 자본주의적 시장논리의 비인간성을 폭로하고 있는 것이다.

한편 벤야민은 '문학적 몽타주' 형식을 통해 자본주의의 유아기적 모습이라고 할 수 있는 19세기 파리의 모습을 복원한다. 최초의 산업제품, 최초의 산업 건축물, 최초의 백화점과 최초의 광고 등이 소개되기 시작하는 19세기의 파리는 '최초'라는 말에 걸맞게 모든 것이 새롭고 낯선 서구의 전형적인 모습을 묘사한다. 새로움과 풍요로움을 상징하는 이 도시의 소비공간은 대중들로 하여금 장밋빛 미래를 기대하게 만들었다.

하지만 대량생산과 대량소비의 물질적 풍요로움은 앞에서 살펴본 비참한 노동자 계급의 삶의 질곡을 은폐한다. 1855년에 개최된 만국박람회는 "노동자 계급을 즐겁게 해주고 싶다."라는 바람에서 개최되었는데, 실제로 노동자 계급은 이러한 "상품이라는 물신을 위한 순례지"에서 상품을 찬미하고 소비를 신성화하면서 고통스러운 노동을 인내하도록 설득되고 물질적 풍요에 대한 거짓된 약속에 현혹당하게 된다. 벤야민에 따르면 "만국박람회는 상품의 교환가치를 미화한다. 박람회가 만들어놓은 틀 안에서 상품의 사용가치는 뒤로 밀려난다. 만국박람회는 환등상을 열어주는데, 사람들은 기분전환을 위해 그러한 공간으로 들어간다. 오락산업은 인간을 상품의 높이까지 끌어올림으로써 쉽게 기분전환을 할 수 있게 해 주었다. 인간의 자기 자신으로부터의 소외와 타인으로부터의 소외를 즐기는 가운데 오락산업의 조작에 몸을 맡긴다. 상품을 옥좌에 앉히고 이 상품을 둘러싼 빛이 기분전환을 가져다"[8]준다. 상품 소비를 통해 기분을 전환하고, 오락

8 발터 벤야민, 『아케이드 프로젝트』, 조형준 역, 새물결, 2005, 100쪽.

산업의 조작에 의해 자신의 소외된 상태를 망각함으로써 소외와 불평등, 그리고 억압은 지속되고 재생산된다.

초기 자본주의 시대의 '상품'에 대한 찬미는 세월이 지난 지금까지도 여전히 진행 중인 현상이다. 일례로 '명품'에 대한 과도한 사회적 집착은 인간이 상품을 구매하는 것이 아니라 상품에 인간이 종속되는 극단적인 현상을 보여준다. 고급 브랜드들에 명품이라는 호칭을 붙인 것 자체가 명품에 대한 물신화된 강한 소유욕을 보여주는 한 현상인데, 이러한 징후를 반영하기라도 하는 듯 이들 상품들은 국내에서 가장 비싼 값에 거래되고 있다. 명품을 구매하기 위해 계를 만든다는 등, 사채를 끌어 쓴다는 등의 다소 황당한 뉴스를 접할 때면 특정 상품의 소유 여부로 그 사람의 지위와 인격을 판단하는 사회 풍토, 즉 상품에 의해 사람이 판단되는 현대인들의 전도된 위상을 보는 것 같다. 이는 수단이 목적이 되고 목적이 수단이 되는 전형적인 역전 현상이다.

시와 소설, 그리고 문학이론들은 이처럼 자본주의에 만연된 시장논리의 일방성이 인간을 더욱 피폐하게 만들고 있음을 비판하고, 인간을 생각하지 않는 욕망의 무한질주의 위험성을 경고하고 있다. 결국 시장 확대에 대한 자본주의의 무한한 욕망은 식민지 수탈이라는 전 지구적 약탈로 이어지며, 패권주의적 시장 확보의 경쟁은 결국 양차 세계대전이라는 무시무시한 결말을 맞게 된 것이다. 무엇이 잘못된 것인가. 인간은 약자를 강탈하고 강자가 독식하는(winner takes it all) 동물적 본능을 포기할 수 없는 것인가.

시장논리에 반대하는 다양한 대안들

지금까지 시와 소설, 문학적 몽타주를 통해서 표현된 초기 자본주의 시장의 모습을 고찰해 보았다. 자본주의가 본격화되면서 삶의 양식은 급격하게 도시적 삶으로 변모해 갔고, 도시적 삶은 풍요에 대한 약속과 희망의 소비 중심적 면모와 곤궁 속에서 비참하게 살아갈 수밖에 없는 일반적인 서민들의 모습으로 극명하게 대립되어 나타나게 된다.

그 과정에서 인문학은 이중적으로 시장의 변화에 대응해 왔다. 한편으로는 시장질서에 기능적으로 순응해 들어가면서 상품의 상품화에 필요한 미적 이론적 기반을 제공하게 된다. 다른 한편으로는 시장질서가 요구하는 가치에 반발하면서 문학예술의 고유한 가치를 지향하는 이중적 모습으로 나타난다. 그러나 이 상반된 모습은 결국 시장원리에 포섭되는 똑같은 운명을 맞이하게 되는데, 문학예술의 자기 완결적 독창성과 고유성이 시장 가치가 있는 것으로 입증되게 되면서 문학예술의 저항성마저도 고급 상품으로 전락하게 되었기 때문이다.

인문학과 예술이 고급 상품으로 존속할 수 있게 된 것은 그것 특유의 이데올로기적인 역할 때문이었다. 자본주의 시장은 시장원리를 극단적으로 확장하게 됨에 따라 특유의 비인간적인 경쟁체제를 구축하게 되었고, 그 결과 과다한 노동 강도와 사회에 대한 불만이 초래한 개인적 사회적 문제점들이 등장하게 되었다. 문학과 예술은 시장원리의 노골성을 은폐하고 시장원리에 상처받은 개인들을 위로함으로써 사회적 충돌과 갈등의 완충적인 역할을 수행하게 된 것이다. 철학 또한 자본주의 시장경제와 자유주의 이념을 정당화하고, 이를 가장 보편적인 인간 삶의 형태로 파악할 수 있도록 하는 이론적 기반을 제공하게 된다. 일례로 이글턴은 영문학이 하나의 학과로서 대학에 자리 잡게 된 역사적 과정을 설명하면서 그 이유를 정신적, 정서적 치유 능력이라는 산업화의 보완물로서의 사회적 역할이라고 주장하고 있다. 산업화와 과학기술의 발전은 사회적 통합과 정서적 안정이라는 이데올로기적인 기능을 더 이상 종교가 수행할 수 없게 만들었고, 그 자리를 인문학이 대신 차지하게 되었다는 것이다.

그러나 인문학에 대한 시장의 지배가 언제나 효과적일 수는 없다. 인문학은 시장논리를 옹호하고 변호하는 기능뿐만 아니라, 시장논리를 비판하고 이에 저항하면서 시장을 변화시키고 개선하는 기능 또한 지니고 있기 때문이다. 물론 시장은 이러한 인문학까지 포섭하는 놀라운 능력을 지니고 있지만, 인문학을 포섭함으로써 시장 스스로도 변화하지 않을 수 없게 되는 것이 시장과 인문학의 관계라는 점에서 인문학의 시장에 대한 (내적) 거리두기는 그 의미가 사뭇 크다고 하지 않을 수 없다. 마치 영화 〈매트릭스〉에서 네오와 스미스 요원이 서로 접속하는 순간 상대방의 알고리듬(algorithm)을 파악하여 상대의 약점을 파악할 수 있는 것처럼, 그래서 접속을 통해서만 매트릭스를 파괴할 수 있는 것처럼, 인문학은 시장에 부단히 접속해야만 시장논리의 지배적 독단을 견제하고 시장으로 하여금 사회적인 순기능의 역할을 수행하도록 도울 수 있을 것이다. 지금까지 등장한 블레이크, 디킨즈 등의 문학가들과 니체나 벤야민 등의 철학자들은 인문학이 이와 같은 교정자로서의 사회적 역할에 충실해왔음을 보여주는 좋은 예라고 할 수 있을 것이다.

벤야민과 동시대 이론가들 중 한 사람인 아도르노 또한 시장원리의 핵심이라고 할 수 있는 '상품화'의 전횡에 대해서 비판하고 있다. 아도르노에 따르면 인간을 포함한 모든 대상을 그 교환가능성에 의거하여 평가하는 균질화되고 평균화된 가치평가 방식이야말로 인간의 의식을 동일성의 원리에 가두게 되는 근본적인 원인이 된다. 사용가치의 특수성이 교환가치의 일반성에 의해 억압됨으로써 모든 대상은 자신의 '상품'가능성에 의해 평가되고, 이때 상품가능성이 유일하게 그 대상을 평가하는 기준이 된다. 이러한 일원론적인 가치평가 방식으로 인해 인간의 의식은 다양성과 고유성을 상실하게 되고, 자율성과 비판력을 상실하게 된다. 아도르노의 '도구적 이성'이란 이처럼 총체적으로 관리되는 사회에서 인간 이성 특유의 합리성과 비판력을 상실한 채, 합리화의 도구로 전락하게 된 인간의 총체적 의식마비 현상을 지칭한다.

그렇다면 문제는 시장원리의 획일화에 제동을 걸고 시장원리를 대체하거나 교정할 수 있는 대안적인 가치를 계발하는 일이다. 시장원리는 사회를 추동하는 중요한 힘이다. 시장원리가 시장을 움직이는 일련의 작동방식을 넘어서 사회를 움직이는 작동원리가 되려고 할 때 문제는 발생하게 된다. 시장은 제한된 재화와 기술의 한계를 교환을 통해 극복하고, 이러한 사회적 분배를 통해 인류가 실현한 정신적 물질적 성과들을 함께 공유하고 누릴 수 있도록 하는 경제적인 실천영역으로서 어느 사회에나 반드시 필요한 사회적 장치라고 할 수 있을 것이다.

그러나 시장원리가 사회를 지배하는 유일하거나 중요한 원리가 됨으로써 사회를 시장을 위한 도구로서 이용하려 할 때, 우리는 벤야민과 아도르노가 말한 '동일성'의 악몽에서 헤어날 수 없게 될 것이다. 그러므로 우리는 이와 같은 '시장사회화'의 위험성에 대해 경각심을 지니고, 그러한 경향에 대해 비판적인 거리를 둘 수 있어야 한다. 그것은 시장의 변화와 흐름을 예의 주시하고 그 변화가 가져오게 될 우리 삶의 질적 변화를 구체적으로 진단하고 예측하는 일이 될 것이다.

이와 같은 노력이 경제학 분야뿐 아니라 인문학 분야에서도 다양하게 진행되어 왔다는 사실은 반가운 일이다. 신자유주의와 자유시장 자본주의를 옹호하는 주류 경제학을 비판하고 보호무역과 복지경제, 투기 금융 규제를 제안하는 대안적인 경제학자인 장하준의 경우는 이와 같은 노력의 대표적 예라 할 수 있다.

데이비드 하비 또한 신자유주의가 강조하는 자유라는 것이 '경제 정의'가 사라진 강자의 자유를 의미할 따름이며, '사유재산가, 회사, 다국적 기업, 금융 자본 등의 이해관계를 반영하고 보장하는 자유'가 결국에는 '노동에 대한 자본의 지배', 즉 '엘리트 지배 권력의 재형성'을 실현하고 있을 뿐이라고 비판한다. "우리 시대에 여러 가지 상이한 자유의 개념들 중에서 어떤 것이 적절한지를 따져보는 심각한 논쟁이 없다는 현실은 다른 국가들뿐만 아니라 미국에서 오늘날 공적 담론의 조건이 놀랄 만큼 궁핍하다는 것을 보여준다."[9]라는 하비의 말처럼, 신자

9 Harvey, David. *A Brief History of Neoliberalism*, Oxford: Oxford UP, 2005, p. 222.

유주의의 나쁜 자유에 대항하는 새로운 차원의 좋은 자유 개념을 발전시키는 것 또한 하나의 대안이 될 수 있을 것이다.

그 외에도 가난한 사람들을 위한 제품과 서비스를 창출해야 한다고 주장하는 빌 게이츠의 '창조적 자본주의'나, 우리나라에서도 『녹색평론』이 1996년에 소개하기 시작하면서 시행되고 있고 전 세계에 다양한 형태로 진행되고 있는 지역화폐운동(일명 LETS: Local Exchange & Trade System 운동)은 소유와 축적 중심에서 관계와 나눔 중심의 시장으로 탈바꿈하려는 작지만 소중한 운동들이다. IMF나 WTO 그리고 세계은행 같은 글로벌 기구들의 개혁과 해체를 요구함으로써 강대국의 이익을 대변하고 약소국들에 강대국의 경제시스템을 이식하려는 시도들을 견제하려는 목소리들도 늘어나고 있다. 다양한 형태의 환경운동들 또한 경쟁과 개발 중심의 기업논리를 공존과 화해를 고려하는 방식으로 순화시키고 있다. 개발을 의미하는 'exploitation'이라는 단어가 착취라는 의미이기도 하다는 사실을 이들은 부단히 환기시키고 있다.

사회적 제도들은 항구적으로 영속하는 영원한 것도, 모든 구성원들의 이해와 요구를 충족시키는 보편적인 것도 아니다. 우리를 둘러싼 사회의 제도적 이념적 원리들은 우리가 당연하다고 여기는 순간, 혹은 그 속에서 살아남기에 연연하는 수준으로 대응하는 순간 우리를 압도하고 지배한다. 그것은 세계적 흐름, 시대적 대세라고 명명된 것들에 대해서도 마찬가지이다. 니체의 말처럼 "우리가 걷는 곳은 가는 곳마다 미끄럽고 위험하며, 그동안 우리를 어떻게 해서든 지탱해주던 얼음은 심히 얇아지고 있다. 우리 모두가 온풍의 뜨뜻미지근하고 기분 나쁜 호흡을 느끼고 있"[10]다. 문제가 이와 같다면 이제는 다른 길을 선택할 때이다.

10 니체, 앞의 책, 64쪽.

더 읽을거리

샹탈 무페, 『민주주의의 역설』, 이행 역, 인간사랑, 2006.

에드워드 윌슨, 『통섭 : 지식의 대통합』, 최재천, 장대익 역, 사이언스북스, 2005.

장하준, 『그들이 말하지 않는 23가지』, 김희정, 안세민 역, 부키, 2010.

존 러스킨, 『나중에 온 이 사람에게도』, 김석희 역, 열린책들, 2009.

찰스 디킨즈, 『어려운 시절』, 장남수 역, 푸른산, 1994.

프란츠 카프카, 『변신 : 카프카 대표 작품선』, 이옥용 역, 보물창고, 2008.

| 여섯 번째 강의 |

문화의 시대와 문화역량

-이강은(경북대학교 노어노문학과)

21세기는 문화의 시대인가

21세기에 접어들면서 특히 '문화'가 모든 문제를 해결하는 만능열쇠라도 되는 것처럼 널리 사용되고 있다. 문화 한국, 문화 도시, 문화의 거리, 문화 산업, 문화 상품, 문화 회관, 생활 문화, 요리 문화, 아파트 문화, 웰빙 문화, 다문화, 놀이 문화 등등 문화라는 말만 붙이면 새롭고 신선한 말이 되는 것 같다.

그러나 이렇게 마구 사용되는 만큼 문화라는 단어가 그 값을 제대로 하고 있는 것일까. 정말 우리는 눈앞의 경제적 관계와 물질적 이해관계보다 가치 있는 문화적 삶을 진심으로 갈망하고 있는 것일까. 지역의 산업개발과 기업 유치를 둘러싼 첨예한 갈등보다 지역민의 문화적 복지 제고를 더욱 중요하게 생각하고 있는 것일까. 물론 이런 질문에 단순하게 "예." 또는 "아니요."라고 대답하기는 어렵다. 그렇다고 산업과 문화의 조화라는 모범 답안을 내놓고 뒷짐을 지고 있어도 괜찮을 만큼 우리 사회의 문화와 삶의 괴리가 만만한 것은 아니다.

문화라는 용어가 널리 사용되게 된 주된 요인은 자본주의의 고도화(정보기술의 혁신)와 세계화(글로벌리즘)에 따른 문화 상품화의 필요성에서 찾을 수 있을 것이다. 자본주의는 우리 삶의 모든 것을 상품화하고 상품으로서 유통하고자 한다. 이에 따라 인간 삶의 총체적 양식을 지칭하는 문화마저도 상품화의 대상이 된 것이다. 특히 자본주의의 고도화에 따라 문화 산업은 일차 산업보다 부가가치를 더 많이 생산하는 산업으로 등장하는 상황이다. 이를테면 〈쥬라기 공원〉 영화 한 편이 현대자동차 몇 백만 대 판매 가치에 버금갈 정도의 부가가치를 올리고 있다. 바로 이와 같은 현실에서 문화 담론은 우리 사회의 모든 문제의 핵심으로, 즉 '문제는 경제'가 아니라 '문화'로 여겨지게 되었다. 한류문화의 경제적 가치라든가 지역문화와 관광 산업의 연계 등과 같은 말들은 이제 전혀 낯설지 않다.

그러나 현대 사회에서 문화가 강조되고 있는 이유는 오히려 문화의 부재에 대한 문제의식의 발로이기도 하다. 대기가 심각하게 오염되었을 때 신선한 공기의 중요성이 강조되는 바와 같은 이치다. 물질적 풍요 속에서 인간의 삶의 질은 더욱 피폐해져가고 그에 대한 반대급부로서 직접적인 경제적 이해관계를 넘어서서 삶을 질을 높이고자 하는 여가활동과 문화 활동에 대한 욕구가 증대한다. 매우 실용적인 문화 활동의 욕구가 커지고 문화 시설, 복지라든가 문화 환경에 대한 요구가 증대하고 순수 예술문화의 상상력과 창조력이 강조된다.

또 하나 문화론의 등장에는 철학적 배경이 존재한다. 20세기까지 사회변혁의 패러다임은 정치경제학적 패러다임이었다. 그러나 20세기의 경험에서 알 수 있듯이 정치와 경제 영역의 변화가 곧바로 사회와 인간의 삶을 본질적으로 변화시킬 수 없다. 보다 본질적이고 전면적으로 인간과 사회의 변화를 추동하기 위해서는 문화적 관점과 철학이 요구된다. 바로 이런 맥락에서 문화는 새로운 연구와 관심의 대상이 되었다. 문화학과 문화철학의 성장은 바로 이러한 시대적 요구에 기초한 것이다.

문화 담론이 성장한 것은 위와 같은 세 측면이 복합적으로 작용한 결과이다. 여기서 어느 하나의 동기만을 특별히 강조할 수는 없을 것이고 세 요소를 복합적으로 고려할 때 현대 문화 담론을 이해할 수 있고 문화 활동의 올바른 전략을 만들어 갈 수 있을 것이다.

창조성과 능동성의 공간으로서의 문화

문화정책에 관한 유네스코 국제회의(UNESCO World Conference on Cultural Policies)에서 문화는 다음과 같이 정의되고 있다.

"광의의 문화란 어떤 사회나 집단의 성격을 나타내는 독특한 영적 · 물질적 · 지적 · 정서적 특징들의 총체적인 복합체이다. 그것은 예술과 문자뿐만 아니라 삶의 양식, 인간의 기본권, 가치체계, 전통, 믿음을 포함한다."

이에 따르면 가장 폭넓은 의미로 문화란 우리가 살아가는 삶의 방식(the way of life) 일체를 말한다. 그 속에서 우리가 그렇게 살아왔고 그렇게 살 수 밖에 없는 그런 틀로서 문화는 작동한다. 한 사회의 장기적 변화와 유지를 가능하게 하는 전체 틀과도 같은 것으로서 한두 개인이나 집단, 일부 사회 요소의 변화로 설명될 수 없는 종합적이고 복합적인 우리 삶의 관계방식 일체로서 인간화, 인격화된 것이 바로 문화이다. 따라서 문화는 경제나 정치, 과학 기술의 영역과 대등한 한 영역이 아니라 오히려 이 모든 영역을 포괄하는 종합적 영역이다.

이와 같은 폭넓은 문화의 개념을 받아들인다하더라도 우리는 문화에 보다 주체적이고 능동적인 개념을 부가할 필요가 있을 것이다. 문화는 '죽은 시체'나 준비된 밥상이 아니라 살아있는 삶이요, 동참하여 이루어내는 창조 활동이고 그 활동의 공간이라고 말할 수 있다. 그런 점에서 우리는 활동이라는 측면에서 문화의 개념을 보완하고자 한다.

인간은 주체로서 물질적 현실과 자연에 직면한다. 물론 그 현실과 자연은 주체인 인간 자신과 다른 주체들까지 포함한 객관적 역사적 물질적 현실이다. 인간은 분명히 이 현실에 종속되어 있고 이 현실을 초월할 수 없다. 이 현실에 대한 지식, 현실의 물질적 힘을 지배하는 능력에 따라 인간은 자신의 활동 영역을 부여받는다. 그러나 우리가 여기에 머문다면 우리는 현실의 객체적 힘에 의해 좌우되는 종속변수에 지나지 않는다.

물질적 현실이 허용하는 영역(A)
인간이 창조적 능동성을 발휘하는 공간(B)
새로운 시간, 즉 지금 생각하고 움직이고 활동하면서 나아가는 영역(C)

A 영역은 현존하는 영역이다. C 영역은 아직 도래하지 않은 영역이다. 바로 이 사이에 B 영역이 존재한다. B 영역은 개인으로서는 사고의 영역이자 매우 개인적인 영역이다. 그러나 사회적으로 인류적으로는 현실을 부단히 변화시켜나가는 공적 현장이다. A 영역은 C 영역으로 이전하며 변화한다. 인간은 이 이전과 변화에 적극적으로 기여할 수도 있고 수동적인 매개자가 될 수도 있다.

B의 공간을 가능한 한 최대한 활성화함으로써 인간은 자발적이고 내면적으로 스스로 인간화된다. 그리고 마치 관절과도 같이 이 공간의 활성화 여부에 따라 A 영역과 B 영역의 인간화된 이전과 변화를 기대할 수 있다. 바로 이 창조적 능동성의 공간에서 무언가가 이루어져 왔고 지금도 이루어지고 있다. 바로 이 공간이 문화적 활동의 공간이고 문화의 담론을 시작하는 의미를 담지한 지점일 것이다.

비 오면 모든 땅이 젖는 것과 같은 것이 문화다. 누구나 그 속에서 그렇게 살아가는 것이 편한 상태, 또한 누구나 그 속에서 살면서 인간적인 품격과 자존을 느끼는 상태, 그것을 문화라고 말할 수 있는 것이다. 좁은 의미에서 문화는 기존의 삶의 형태를 유지하고 관리하고 재생산하는 기능을 수행하는 보수적 의미를 지니고 있다. 그러나 그 문화는 늘 변화하는 삶의 흐름과 새로운 도전에 직면하고 그에 대한 대응을 요구하며 새로운 삶을 유도하고 변형하기까지 한다. 그러나 오늘날 우리의 문화가 온전하게 그러한 과제를 감당하고 있다고 확신하기는 어렵다. 이런 점에서 특히 우리 사회의 복합적인 모순과 갈등 속에서 우리 스스로 그에 대응하여 문화적 상태로 나아가기 위해 문화역량을 높이는 것은 시급한 과제이다.

개인의 보다 자유롭고 품격 있는 삶을 형성하기 위한 의지와 환경을 구축하고, 개인의 가치와 사회적 공동체적 가치의 조화를 위한 노력을 극대화하는 것은 바로 문화역량에 의해 가능한 것이며 또 그것이 문화역량을 키워나가는 것이기도 하다. 또한 개인의 삶과 한 나라의 생존 논리를 넘어 세계사적 갈등의 해결을 위해서, 즉 세계화, 민족간, 문화간 대결과 갈등구조, 생태환경, 빈곤 문제 등 인류사적 문제의 해결을 위해서도 문화역량의 제고는 가장 절실한 문제가 아닐 수 없다.

현대 사회의 특징과 문화역량

미국의 사회비평가인 와튼 경영 대학원(Wharton School) 교수 제러미 리프킨(Jeremy Rifkin)은 『소유의 종말(*The Age of Access*)』이라는 대표적인 저서에서 현대는 소유의 시대에서 접속의 시대로 변화하고 있다고 역설한다. 산업 시대에는 제품의 생산과 노동이 경제 활동의 가장 중요한 형태이고 재산을 소유하는 것이 기본적으로 매우 중요한 가치였지만 문화 생산이 경제 활동의 지배적 형태로 뿌리내리는 새로운 시대에는 사람의 정신에 자양분을 제공하는 문화적 자원과 체험에 가급적 많이 접속하는 것이 재산을 소유하는 것 못지않게 중요하다는 것이다.[1]

1 그는 최근 번역 출간된 『공감의 시대』에서는 인류의 발전을 경쟁과 적자생존에서 공감에 기초한 상호 공존과 평등을 지향해온 과정으로 고찰하고 있기도 하다. 공감의 역사 역시 현대를 접속의 시대로 고찰하는 맥락과 크게 다르지 않다.

리프킨에 따르면 접속의 시대는 무엇을 얼마나 가지고 있느냐보다 어디에 얼마나 접속할 수 있느냐가 더욱 중요하다. 가급적 소유하지 않고 일정한 사용권, 즉 접속권을 많이 가지는 것이 보다 유리한 시대인 것이다. 여기서 중요한 아이디어, 지식, 기술권 등이 과거의 재산이나 부동산보다 중요한 역할을 한다.

현대 사회의 특성

지식정보화 시대	산업문명 시대에서 정보문명, 지식정보 시대로 굴뚝 산업 위주에서 고부가가치 지식정보 문화 생산 중심 시대
문화예술의 시대	정치경제 중심의 시대에서 문화와 예술의 시대로 문화역량이 보다 중시되는 시대

특히 접속의 시대에는 문화체험이 매우 중요한 역할을 한다. 문화체험은 단순한 상품과 서비스의 판매에 그치는 것이 아니라 소비자가 직접 문화의 생산과정에 참여하는 것을 말한다. 이를테면 세계여행과 관광, 테마 도시와 공원, 종합오락 센터, 건강, 패션, 요리, 프로 스포츠와 게임, 도박, 음악, 영화, 텔레비전, 사이버스페이스의 가상세계, 온라인 오락 등 문화적 경험에 대한 접속권이 우리 삶에서 더욱 중요해지는 것이다.

개방성과 문화적 정체성, 문화적 공존능력이 한 사회의 생존에 보다 중시되는 접속의 시대에는 인간에게 기존의 문화역량과는 질적으로 다른 새로운 문화역량이 요구된다. 권력과 지배, 서열, 혈연, 학연, 출세, 경쟁, 적자생존의 논리, 생산성 중심의 사회에서 평등한 네트워크와 소통, 연대, 배려, 창조 등이 보다 중시되는 사회로 변화되고 있는 것이다.

새로운 현대 사회에서는 다른 사람보다 우월한 지위를 차지하는 것보다 다른 사람에 대해 세심히 배려하는 것, 수동적으로 따라가는 것이 아니라 적극적으로 동참하는 것, 지시와 요구보다는 대화와 경청, 갈등에서의 승리보다 조정과 조화, 일방적 주장이 아니라 상호 소통하고 공감하는 것 등등이 현대인의 보다 중요한 덕목이 된다. 이를 요약해본다면 다음 표와 같다.

현대 사회에 요구되는 덕목과 문화역량

현대 사회에 요구되는 덕목	네트워크 형성과 참여 능력, 소통과 공감, 신뢰, 대화, 이해, 관용, 배려, 연대, 조화, 조정, 개성, 창조, 표현
문화체험을 통해 획득되는 문화역량	상상력과 표현, 미적 성찰, 자율적 몰입, 자기 정체성, 감성 개발, 흥미, 호기심, 미디어 이해능력

그렇다면 이러한 새로운 문화적 소양은 어떻게 육성될 수 있을 것인가.

수많은 문화 속에 둘러싸여 있지만 정작 오늘날 우리는 지독한 문화 소외 속에 살아가고 있는지 모른다. 모든 인간의 활동이 상품화되는 시대, 최소한의 개인적 관계나 공간마저도 문화라는 이름으로 상품화되면서 '문화'는 넘쳐나고 있지만 정작 진정한 문화와 그 체험의 기회는 매우 축소되고 있기 때문이다. 우리 주변에 문화라는 이름을 단 모든 것이 말 그대로 우리의 문화역량을 지키고 육성하는 진정한 문화라고 말하기는 힘든 이유이다.

이런 상황에서 보다 주체적으로 문화를 생산하고 소비하는 창조적 역량이 더욱 필요한 것은 물론이다. 그리고 이런 문화적 역량을 육성하기 위한 스스로의 체험과 훈련은 더욱 절실히 요구된다. 문화 활동은 바로 이러한 역량을 최대화하는 기회를 제공하는, 어쩌면 가장 유일한 영역이라고 말할 수 있다.

문화역량과 예술체험

우리의 마음이 무엇인가에 반응했을 때 심금(心琴)을 울린다고 말한다. 마음의 비파가 울린다는 이야기다. 마음의 비파. 비파가 바람에 흔들리며 공명하듯이 우리 마음에 비파가 있는 모양이다. 이 심금은 어떻게 울리며 어떤 소리를 내는 것일까. 잘 몰랐던 지식을 배웠을 때, 이를테면 컴퓨터에 관한 새로운 지식을 얻었을 때 심금이 울리지는 않는다. 물론 이 경우에도 마음에 어떤 반응이 일어나지만 그것은 지식에 대한 호기심이나 새로운 지식을 통해 얻게 될 편리함이나 이익에 대한 이성적 반응이다. 마음의 비파는 이성적 지식만으로는 연주되지 않는다. 마음의 비파를 공명시키는 가장 완전한 악보는 바로 예술이다.

마음은 어떻게 움직이는가. 진심을 다하여, 가진 것 전부를 내놓고 우주와 소통할 때 우리의 마음은 근본적으로 움직인다. 즉 감동(感動)한다. 감동하면 사람은 변한다. 그것도 전면적으로 변한다. 바로 이 감동은 문화예술과 미적 감동에 의해 가장 총체적으로 이루어진다.

그러면 이 감동의 실체에 대해 미학적으로 판단해보기 위해 문화역량과 예술체험이라는 개념과 연관하여 다음의 문제를 곰곰이 생각해보자.

풍경 1

우리는 아름다운 자연의 절경을 보고, 혹은 빼어난 야구 선수의 수비를 보고 곧잘 "아, 정말 그림 같다."라고 말하곤 한다. 너무나 아름답고 멋져 보일 때 우리는 이렇게 예술에 근접한다고 표현하는 것이다. 그런데 다시 우리는, 너무나 잘 그린 그림 앞에서 또 이렇게 말하곤 한다. "와, 진짜 같다!"

이런 경우는 주변에 참으로 많다. 과연 우리는 현실을 진짜 높이 평가하는 것일까, 아니면 현실을 모사한 예술을 진짜 높이 평가하는 것일까. 무엇이 오리지널이고 무엇이 '가리지널'일까.

만일 칸트와 헤겔이 함께 산보를 했다고 하자. 고요한 숲 속의 맑은 공기를 흔들며 나뭇잎 사이로 들려오는 청량한 새소리에 두 사람은 깊은 감동을 느꼈으리라. 저 새의 노래는 어떻게 저렇게 아름다울 수 있을까? 대체 어떤 새지? 두 사람은 말없이 산책을 계속하며 인간과 자연, 생명에 대해 나름대로 사색에 젖는다. 그런데 조금 앞쪽 숲 속 오솔길에서 한 목동이 걸어 나오는 모습이 보였다. 허름

한 옷을 걸친 목동은 그들 앞으로 다가오며 계속해서 입으로 새소리를 흉내 내고 있었다. 그제야 칸트와 헤겔은 그들이 방금 전에 들었던 새소리가 새의 노래가 아니라 목동이 흉내 낸 소리였다는 것을 알았다.

새소리가 자연 그대로의 소리가 아니라 인위적인 것임을 알았을 때 칸트와 헤겔은 어떻게 반응했을까?

칸트는『판단력 비판』에서 이렇게 말한다.

> 은은한 달빛이 비치는 고요한 여름밤, 한적한 숲 속에서 들리는 황홀하고 아름다운 나이팅게일의 울음소리보다 과연 무엇이 더 아름답다고 시인들은 읊을 것인가? 그래서 그런 노래를 들을 수 없는 곳에서도 어떤 쾌활한 주인은 전원을 만끽하러 온 객들에게 그 노랫소리를 들려주어 매우 만족스럽게 해주기도 한다. 즉, 갈대 피리로 자연을 모방한 새 울음소리를 낼 수 있는 어린 아이를 숲 속에 숨겨놓고서 말이다. 그러나 그것이 속임수임을 안다면 손님들은 매력적인 그 울음소리를 들으려 하지 않을 것이다. 따라서 아름다움에 직면하여 직접적인 '관심(Interesse)'을 취할 수 있기 위해서는 그것은 자연 자체이거나 우리가 자연으로 여기는 것이어야 한다.[2]

칸트는 자연 그 자체에 선험적으로 아름다움이 내재해 있다고 보았기 때문에 인간이 개입되어 '자연적이지 않은' 목동의 새소리에 실망을 금치 못했을 것이다.

하지만 헤겔의 생각은 좀 다르다.

> 자연에 대립하여 예술미의, 그리고 정신의 '우월함'은 단지 상대적인 것만이

2 I. 칸트,『판단력 비판』, 이석윤 역, 박영사, 1986, 180쪽. 번역은『헤겔 미학 입문』(여균동 외 역, 종로서적, 1983) 73쪽에서 인용.

> 아니라 정신은 모든 것을 자신 속에서 파악하는 자로서 '진실한 것'이며 그럼으로써 모든 미는 이런 우월함을 담지하고 있고 이를 통해 산출되는 한에서 아름답고 진실할 뿐이다.[3]

헤겔은 인간의 의지와 능력이 개입하여 인간이 스스로의 정신 속에서 파악하는 것이 자연보다 '우월하며' 따라서 더욱 아름답고 진실하다고 말한다. 이런 헤겔에게 목동이 흉내 내는 놀라운 새소리와 그 곡조에 담긴 예술성은 어떻게 보일 것인가.

풍경 2

옛날 옛적에 한 왕이 살았는데, 그는 이 지구상의 모든 권력과 금은보화를 자기 것으로 만들었음에도 불구하고 명랑해지기는커녕 해가 갈수록 점점 더 침울해져 갔다. 그러던 어느 날 그는 자기의 궁정 요리사를 오게 해서는 그에게 다음과 같이 말하였다.

"그대는 오랫동안 충직하게 짐을 섬겨왔고 짐의 식탁을 가장 훌륭한 요리로 가득 채웠다. 그러나 이제 짐은 그대의 요리 솜씨를 마지막으로 한번 시험해보고 싶다. 그대는 짐에게, 짐이 50여 년 전 내 나이 한창이었던 젊은 시절에 시식해보았던 산딸기 오믈렛 요리를 만들어야 하네. 50여 년 전 그때 짐의 선왕은 동쪽에 있는 나쁜 이웃 왕과 전쟁을 했었지. 그때 그 왕이 싸움에 이겨 우리들은 도망을 쳐야만 했어. 그래서 우리는 밤낮을 가리지 않고 도망을 쳐 드디어 어느 날 어느 어두컴컴한 숲속에 들어가게 되었는데, 그때 우리는 숲 속에서 길을 잃어 허기와 피로에 지쳐 거의 기진맥진한 상태에서 어느 조그만 오두막을 발견하게 되었지.

---

3 G. 헤겔, 『헤겔 미학 1』, 두행숙 역, 나남출판, 1997, 28쪽. 번역은 『헤겔 미학 입문』(위의 책) 74쪽에서 인용.

그 오두막집에는 한 노파가 살고 있었는데, 그 노파는 뛰어나와 우리를 반기면서 부엌에 나가서 곧 무엇을 손수 들고 나왔는데 그것이 바로 산딸기 오믈렛이었어. 내가 이 오믈렛을 한입 넣자마자 나에겐 기적처럼 힘이 되살아나는 것 같았고 또 새로운 희망이 샘솟는 것 같았어.

그때만 해도 짐은 미성년의 소년이었고 또 아주 젊었기 때문에 이 맛있는 요리가 얼마나 좋은 것이었던가를 오랫동안 생각해보지 않았어. 그러나 짐이 훗날 이 요리가 생각이 나서 짐의 전 제국을 뒤져 그 노파를 찾아보게 했지만 그 노파는 물론이고 그 노파의 산딸기 오믈렛을 요리해줄 만한 사람을 찾을 수가 없었어. 그대가 만약 짐의 이 마지막 소원을 성취시켜준다면 짐은 그대를 짐의 사위로 삼아 이 제국의 후계자로 만들 걸세. 그러나 만약 나의 기대를 만족시켜주지 못하면 그대는 죽어야만 하네."

이 말을 듣자 궁정 요리사는 다음과 같이 대답하였다.

"폐하! 정 그러시다면 교수 형리를 곧장 불러주십시오. 물론 저는 산딸기 오믈렛 요리법과 하찮은 냉이에서 시작해서 고상한 터미안 향료에까지 이르는 모든 양념을 훤히 잘 알고 있습니다. 그리고 그 오믈렛을 만들 때 어떻게 저어야 제맛이 나는지도 잘 알고 있습니다.

하지만, 폐하! 저는 죽지 않으면 안 됩니다. 이 모든 것에도 불구하고 제가 만든 오믈렛은 폐하의 입에 맞지 않을 것입니다. 왜냐하면 폐하께서 그 당시 드셨던 모든 식료를 제가 어떻게 마련하겠습니까. 전쟁의 위험, 쫓기는 자의 주의력, 부엌의 따뜻한 온기, 뛰어나오면서 반겨주는 온정, 어찌 될지도 모르는 현재의 시간과 어두운 미래 — 이 모든 분위기는 제가 도저히 마련하지 못하겠습니다."

궁정 요리사가 이렇게 말끝을 맺자 왕은 한참동안 묵묵부답이다가 곧 그에게 선물을 가득 챙겨주고는 그를 그의 직책으로부터 파면시켰다고 한다.[4]

---

4 발터 벤야민, 『발터 벤야민의 문예이론』, 반성완 역, 민음사, 1983, 24-25쪽.

풍경 3

인터넷이 발달하면서 사이버 스페이스라는 말이 흔히 사용되고 있다. 사이버란 인공 두뇌나 컴퓨터를 뜻하고 스페이스란 공간이라는 뜻이므로, 사이버 스페이스는 곧 컴퓨터를 이용한 정보 통신의 공간을 가리킨다. 그렇다면 현실의 물리적 공간과는 엄연히 다른 추상적인 공간인 셈인데, 그러나 그 세계를 접한 사람들에게는 결코 추상적이지 않다. 현실의 공간 못지않게 사이버 스페이스도 '구체적'인 공간이다. 인터넷 전쟁 게임에서 사용되는 무기를 현실의 공간에서 돈으로 사고파는 일은 이제 앨리스의 이상한 나라에서나 벌어지는 기이한 사건이 아니다.

하지만 그것은 그만큼 그 공간이 현실적이고 실감 나는 느낌을 준다는 이야기일 뿐 현실과 똑같다는 뜻은 아니다. 어디까지나 그것은 가상의 공간일 뿐이다. 가상의 공간이란 손으로 만져볼 수 없으며 그 자체로 존재하는 게 아니다. … 그럼에도 불구하고 그러한 '가상'이 현실에 못지않게, 아니 사람에 따라서는 현실보다 더욱 생생하게 다가오는 이유는 뭘까? 어떤 시뮬레이션이 현실보다 더욱 현실적인(?) 가상을 만들어내는 걸까?

시뮬레이션(simulation, 불어로는 시뮬라시옹)은 시뮬라크르(simulacre)라는 단어의 동사적 의미다. 시뮬라크르는 원래 흉내라는 뜻과 환상이라는 뜻을 가지고 있는데, 장 보드리야르(Jean Baudrillard, 1929~)는 후자의 의미로 쓴다. 흉내라면 무엇에 대한 흉내일 것이므로 원래의 그 무엇(원본)이 있을 테지만, 환상이라면 원본이 필요하지 않다. 보드리야르가 말하는 시뮬라크르란 바로 이 환상, 즉 실제로는 존재하지 않는 대상을 실제로 존재하는 것처럼 만들어 놓은 인공물을 가리킨다.

원본이 존재하지 않으므로 시뮬라크르는 '흉내 낼 대상이 없는 이미지'인 셈이다. 따라서 시뮬라크르는 그 자체로 존재할 수 있는 이미지가 된다. 그렇다면 시뮬라크르의 세계는 서로 양립 가능한, 대등한 의미의 세계다. 하지만 보드리야르는 이렇게 현실과 이미지를 대등한 관계로 설정하는 데 만족하지 않고, 더 과감하고 야심찬 주장으로 넘어간다. 현대 사회에서는 시뮬라크르, 그 원본 없는 이미지가 얼마든지 현실을 대체할 수 있으며, 현실은 오히려 그 가상의 이미지에 의해 지배당하게 된다는 것이다. 이 경우 이미지가 현실보다 더 현실적이라는 말은 결코 과장이 아니다. 이런 보드리야르의 주장은, 이미지가 현실에 종속되어 있고 현실이 낳은 자식(적자든 사생아든)이라는 전통적인 믿음에 비하면 가히 혁명적인 것이라 할 수 있다.[5]

예술문화는 인류의 지적 경험과 지식이 고도로 농축된 문화예술 역량의 보고이다. 이 보고를 이해하고 감상하기 위해서는 무엇보다 아름다움에 대한 감식안, 즉 심미안의 훈련이 요구된다. 위에서 살펴본 것처럼 우리의 미적 판단은 반드시 객관적인 것만도 아니고 반드시 주관적인 것만도 아니다. 우리는 분명 주관적 이상과 객관적 대상 사이의 긴밀한 상호관계 속에서 미적 가치를 구현하고 찾아내고 수용하는 것이다. 첫 번째 사례에서 생각해보았듯이 우리는 자연 자체를 보고 아름다움을 체험했다고 할지라도 사실은 그 자연에서 인간적 이상의 구현을 체험하면서 아름다움을 체험한 것이다. 그리고 나아가 인간적 이상이란 바로 객관 현실 속에서 축적되고 형성된 것이라는 점에서 인간적 이상은 단순히 주관적인 것만은 아니다. 두 번째 사례는 문화예술 체험의 비반복성과 대체불가능성, 유일무이성을 보여준다. 왕이 체험했던 유일무이한 산딸기 오믈렛, 그 체험 대상이 지닌 휘황한 아우라는 결코 다시 만들어질 수 없는 것이다. 그렇게 보면 문화예술 체험이란 이론적으로 대체되거나 타인에 의해 간접화될 수 있는 것이 아니라 오직 우리들 각자 유일하게 한 순간 한 공간에서 체험하는 것이라고 말할 수 있다. 바로 그런 이유에서 예술체험의 직접성은 더욱 강조되어야 하는 것이다.

---

5 이경태, 『한 눈에 읽는 현대철학』, 광개토, 2001, 286-287쪽.

세 번째 사례는 현대 문화예술을 이해하는 새로운 개념을 보여준다. 즉 문화예술이 언제나 직접적인 현실의 반영이나 현실에 대한 지시적 의미로 충만한 것(넓은 의미로 근대 예술이 모두 이와 같은 리얼리즘에 기초한다.)이 아니라 오늘날에는 문화예술적 창조 자체가 세계와 현실을 만들어갈 수도 있음을 말해주는 것이다. 그것이 두 번째 예에서 보았던 아우라를 배제하는 무한 복제의 시뮬라크르의 세계로 귀결될 것인지, 혹은 아우라가 휘황한 원본과 더불어 더욱 풍성하고 깊이 있는 예술세계의 창조로 귀결된 것인지는 우리의 미학적 반성과 실천에 의해 결정될 것이다.

미학(美學)은 단지 미에 대한 학문이 아니라 "인간이 자신을 둘러싸고 있는 세계 속에서 발견하고 실천적인 활동 속에서 창조하며 또 현실을 반영하는 예술 속에 구현하게 되는 모든 미적 가치들을 탐구하는 학문"이다. 즉 아름다움에 대한 연구만이 아니라 추함, 비극적인 것, 희극적인 것, 숭고한 것, 비속한 것 등에 대한 연구이다. 이런 미적 가치는 여러 곳에 존재할 수 있으나 특히 예술 속에 집중되어 있다.

진선미(眞善美)의 통일, 즉 참되고 선하고 아름다운 것, 이것은 인류의 오랜 이상이다. 그러나 참인 것이 늘 선한 것은 아니며 선한 것이 늘 아름다운 것도 아니다. 또한 참이라고 해서 자동적으로 아름다운 것도 아니다. 그러나 우리는 늘 내가 옳다고 생각하는 것(진)이 좋은 것(선)이고 아름다운 것(미)이라고 생각한다. 이렇게 진선미는 분리불가능하게 우리 의식 속에 결합되어 있기 마련이다.

진선미가 통일되어 있는 의식은 결코 다른 사람과, 다른 세계와, 다른 문화와 소통하기 힘들다. 옳고 좋고 아름다운 것이라면 그 누구에게 양보할 수 있을 것인가. 따라서 소통과 공존을 추구하는 다문화 사회로서의 현대 사회에서 진선미에 대한 좀 더 개별적인 이해가 요구된다. 옳은 것이 꼭 선한 것이 아니며 선한 것이 반드시 아름다운 것은 아니다. 그리고 아름다운 것이 반드시 옳거나 선한 것이 아닐 수도 있음을 이해해야 하는 것이다. 미란 인간의 이상과 결합된 주객

관계적인 것으로 미에 대한 태도는 진리나 선함과 유관하지만 독립적이다. 따라서 미의 자율성이 인정되고 보장될 때 예술의 창조성과 문화역량이 제고되는 것이다.

옳은 것에 대한 판단은 학문이나 과학의 범주이고 선과 악에 대한 판단은 윤리와 도덕의 문제이고 아름다움에 대한 판단은 미학의 영역에 속한다. 이 세 영역은 서로 긴밀하게 연관되어 있지만 반드시 하나로 결합되어 있는 것은 아니다. 진과 선에 관련된 어떤 판단이 미와 결합되어 있을 때는 그 누구도 꺾을 수 없는 완고한 독선으로 변질될 우려가 많다.

내가 아름답다고 생각하는 것과 다른 사람이 아름답다고 생각하는 것은 논쟁으로 해결되는 것이 아니다. '내'가 아름답다고 생각하는 것은 그 어떤 설득으로도 바뀌기 어렵다. 그래서 누가 뭐래도 '나의 취향, 입맛'이라고 강변하게 된다. 현대 사회에서 미적 훈련이 더욱 중요한 것은 이러한 독선적 편견에 사로잡히지 않는 것이 중요하기 때문이다.

아름다움에 대한 우리의 시각은 타고난 것이 아니라 훈련되고 만들어진 것이다. 다시 말하면 내가 아름답다고 말할 때, 그 말을 하는 '나'는 말 그대로의 '나'가 아니라 문화적으로 형성된 '나'이다. 따라서 그 '나'에 대해 돌아보고 반성하면서 탐색할 때에야 진정한 나의 심미안을 형성해갈 수 있다.

문화예술의 체험 자세

자유롭고 자율적으로 '사심 없이' 예술에 다가가자 _ 그 어떤 의무감도 벗어버린 채 진실로 자유로운 자세로 임한다. 상품으로가 아니라 오직 나의 마음과의 관계 속에서 받아들이라. 어떤 목적 없이, 이해관계 없이, 즉 사심 없이 예술로 나아가야 한다. 비싼 공연물을 남들에게 과시하기 위하여, 남들이 좋다고 하니까

하는 마음으로 예술을 접하는 것은 가장 큰 병폐이다. 그저 내 마음을 비추어보는 남의 얼굴을 보듯이 문화예술을 접하자.

미적 감각을 비교하고 성찰하자 _ 저 작가는 무엇을 아름답다고 하는가, 무엇을 추하다고 하는가. 선악, 진실과 거짓의 판단이 아니라 무엇이든 받아들일 열린 마음의 상태로, 오감으로 받아들여지는 대로 예술을 받아들이자(수용). 그때 내 마음이 반응하는 상태를 잘 관찰하자. 그러고 나서 진과 선의 의미를 판단해도 늦지 않다.

언어화 _ 아는 대로 보고 보는 대로 안다. 그리고 언어화된 만큼 알고 아는 만큼 언어화한다. 자신의 말로 표현하고 써보고 대화하는 것이 중요하다. 심미안은 자신의 언어역량을 넓혀가는 만큼 성장한다.

바로 시작하기 _ 현대 사회를 살아가기 위해, 더 잘 살아가기 위해 주변에 지속적으로, 주기적으로 문화예술 체험의 기회를 유지해야 한다. 지역의 문화회관도 좋고 대구 문예회관도 좋고 동성로의 작은 갤러리도 좋다. 어린이 예술잔치도 나쁘지 않다. 음악과 미술, 조각, 영화와 연극, 사진 등등 다양한 장르의 예술이 이전에 비해 훨씬 풍부하게 우리 주변에 존재한다. 고전급 문학작품도 좋다. 다만 훌륭한 예술이 우리에게 보다 풍부한 문화적 비타민이라는 사실은 염두에 두어야 한다.

더 읽을거리

리프킨 J., 『소유의 종말』, 이희재 역, 민음사, 2009.
리프킨 J., 『공감의 시대』, 이경남 역, 민음사, 2010.
마거릿 P. 배틴 외, 『예술이 궁금하다』, 윤자정 역, 현실문화연구, 2004.
김창남, 『대중문화의 이해』, 한울아카데미, 2010.

| 일곱 번째 강의 |

재래시장을 소재로 한 몇 편의 작품 읽기

–이하석(시인)

삶의 현장, 시장

문학은 언어 예술이다. 언어란 사람과 사람을 연결하는 매체이며, 사람 사이에서 소통을 이루는 기호이다. 문학은 그런 '말'로 하는 것이다.

또한 문학은 인간의 가치 있는 체험의 표현이다. 문학은 개인적, 또는 사회적 삶의 표현이며, 작가가 살아가는 당대 현실의 언어적 반영이다. 작가의 체험은 자신의 경험과 가치관, 그리고 문학적 형식이나 방법에 따라 재구성되어 작품에 표현된다. 무엇보다 문학은 앞서 말한 모든 것에 바탕을 둔 상상력의 소산이다. 문학에 있어서 상상력은 현실의 제약과 구속으로부터 벗어나 새로운 세계를 보여주며, 간접적이나마 새로운 인생을 경험하게 해주고, 이를 통해 삶에 대한 인식의 폭을 넓혀주며, 내일의 새로운 미래를 꿈꿀 수 있게 해준다. 그리고 당연히 문학은 우리 삶의 폭과 깊이를 아우르면서 드러내는 사상과 정서의 표현이다. 미의식이 정서와 관련이 있는 형식적 요소라면, 윤리성이나 이념의 문제는 문학의 내용을 이루는 사상과 관련이 있다고 말해진다. 정서는 심리적 작용이며, 사상은 윤리성과 이데올로기의 표출과 이념의 이해와 관련된다고 말해지기도 한다.

이처럼 문학이 말로 하면서 삶을 드러내는 양식이라면, 사람과 사람의 관계가 극명하게 드러나는 시장이야말로 문학의 현장으로 중요하다 할 만하다.

시장은 여러 가지 상품을 팔고 사는 곳이다. 물건을 만들어 내는 사람과 물건을 사는 사람이 시장이라는 곳에서 서로 연결되며, 그런 만큼 우리가 필요한 물건을 시장은 쉽게 구해 쓸 수 있도록 해준다. 동시에 공개된 자리에서의 거래를 통해 온갖 물건들의 값을 결정해준다. 뿐만 아니라, 시장은 물건의 집산이 늘 이루어지고, 각 지역의 생산물들이 모이는 곳인 만큼 각 고장과 고장 간에 서로 필요한 물건을 구할 수 있도록 도와준다. 생활에 필요한 물건들은 시장을 통하여 생산자에서 소비자로 옮겨간다. 이처럼 시장은 사람이 모여 활발하게 거래가 이루어지는 만큼 우리 삶의 모습들이 가장 적나라하게 드러나는 현장이다. 생계와 이어진 공간이라는 점에서 이와 관련된 온갖 관계와 모순, 기대와 배반, 사기와 인정, 만남과 이별 등이 일어난다. 삶의 현장성이 가장 첨예하게 나타난 곳이라 할 수 있다. 우리 근대문학 이후 시장이 중요한 소재로 부각된 것은 이 때문이다. 최근의 문학 역시 여전히 시장 또는 시장성의 소재들이 중요시된다.

연민과 애환의 한복판

이 도시를 알기 위해 걷기로 한 것은 잘한 일이었다. 걷는 일은 스쳐간 생각을 불러오고 지금 존재하고 있는 것들을 바라보게 했다. 두 발로 땅을 디디며 앞으로 나아가다보면 책을 읽고 있는 듯한 느낌이 든다. 숲길이 나오고 비좁은 시장통 길이 등장하고 거기에는 나를 모르는 사람들이 말을 걸고 도움을 청하고 소리쳐 부르기도 한다. 타인과 풍경이 동시에 있었다.

– 신경숙 『어디선가 나를 찾는 전화벨이 울리고』

최근 한 대담에서 신경숙은 "내게 있어 문학이라는 것은 사람에 대한 연민"이라 말한 적이 있다. 끈질긴 연민이 이 땅을 든든하게 버틸 수 있게 하는 힘이라는 말을 하기도 했다. 유한한 삶을 살면서 모르는 사람과 얽히고 어울리는 가운데 연민이 있다고도 강조했다. 앞의 글에서 '숲길'과 '시장통 길'이 나오는 것은 우리 삶의 모든 게 그러한 길 가운데서 소통되고 단절되기 때문인데, 그런 면에서 그 길이 바로 연민의 끈이기도 한 것이다. 숲길은 자연으로 통하는 열린 길이라면, 시장통 길은 사람들 속으로 통하는 닫힌 길이다. 이 두 길은 서로 다른 것 같지만, 삶의 입장에서 보면 하나로 꿰어져 있다. 사람을 등지고 숲길을 보는 것이나, 사람과 즐겨, 또는 어쩔 수 없이 만나는 것은 우리 삶의 시각의 양면성이면서 동시적인 것이라고도 할 수 있는 것이다. 그 열림과 닫힘을 의식하는 것이 연민의 한 양상이라고 할 수도 있겠다. 어쨌든 시장은 '모르는 사람들이 말을 걸고, 도움을 청하고, 소리쳐 부르기도 하는' '타인과 풍경이 동시에 있'는 곳이다. 그리고 그 속에 나의 연민이 있다. 연민은 타인과 나를 잇는 정서의 끈이면서, 동시에 함께 살아가는 삶의 감정적 고리라 할 수 있다.

시장은 그러한 정서의 한복판이라 할 수 있다. 그래서 일찍부터 문인들은 시장을 중요시하고, 소재로 삼았다. "정신적인 것은 거리에 장터에 시장에 재판소에 깔려 있다."(장 폴 사르트르 『문학이란 무엇인가』)라고 강조하기도 했다. 우리 문학의 초기 때부터 지금까지 소설과 시에서 시장이 주요 이야기의 무대가 되고, 삶의 배경으로 그려진 것은 그만큼 시장에서 사람 사이의 일들이 극적으로 드러나기 때문이며, 우리의 생계를 이어가는 데 중요한 터전이며, 삶의 애환이 잘 드러나는 곳이기 때문이다.

시장과 문학의 밀접한 관련성을 강조하는 예가 있다. 구한말 보부상의 애환을 담은 소설 『객주』(김주영)는 시장을 무대로 살아가는 보부상들의 삶이 푸짐한 토속의 말을 통해 다루어지고 있는, 시장을 무대로 한 대표적인 소설이다. 이 소설의 무대는 청송인데, 이 소설이 최근 무대가 된 재래시장과 연계가 되어 새삼

스럽게 테마촌으로 거듭나고 있다. 소설 배경이 저잣거리인 점에 착안, 재래시장(진보시장) 안에 문학촌이 들어서는 것이다.

진보시장은 동해안 수산물이 내륙으로 팔려가던 길목으로 경북 북부 상권을 상징하는 큰 시장이었으나 지금은 쇠퇴일로에 있다. 이에 따라 청송군은 독자들에게 널리 알려진 데에다, 그 소설의 배경이 진보시장인 점을 들어 『객주』를 모델로 한 테마 문학촌을 조성함으로써, 시장의 현대화 사업과 문학촌을 연계하여 상호 상승효과를 거두기를 기대하고 있다. 일종의 관광과 연계한 스토리텔러화 작업의 한 양상이라 볼 수 있는데, 이러한 문학촌 조성을 통해 시장과 문학과의 밀접한 관련성이 두드러질 전망이다.

우리 문학에서 직접 시장을 무대로 전개되는 소설은 적지 않다. 유명한 이효석의 소설 『메밀꽃 필 무렵』 역시 봉평 장터가 무대다. 평창군은 이효석 문학관에 봉평 장터 재현물을 조성했다. 김동리의 소설 『역마』는 화개장터가 무대다. 박경리의 소설 『시장과 전장』도 시장을 통한 인간상이 부각된다.

> 여름장이란 애시 당초에 글러서 뜨거운 햇살은 아직 중천에 있건만 장판은 인파의 물결이 휩쓸고 간 자리는 어지러움만이 질서 없이 나뒹굴고, 벌려놓은 전휘장 밑으로 등줄기는 흑흑 볶는다.
>
> -『메밀꽃 필 무렵』 부분

> 시장에서 흘러나오는 흥성스러운 음악은 트럭 구르는 소리에 들리지 않아도, 아름다운 그림처럼 풍경은 한 폭 한 폭 스치고 지나간다. … 떡 장수, 메밀묵 장수, 국수 장수, 활기에 넘치고 가지가지 냄새, 소리가 흥겨운 시장. 그래서 눈도 코도 귀도 한때나마 즐거울 수 있다면. 페르샤의 시장이 아니고 전쟁이 밟고 지나간 장터에도 귀를 어지럽히는 음악은 있다. 장난감 파는 가게에 인민군들이 서 있고 그들이 돌아갈 때 누이와 동생 아들과 딸들에게 선

물할 올망졸망한 장난감을 고르고 있지 않는가.

–『시장과 전장』 부분

『메밀꽃 필 무렵』은 한 편의 서정시처럼 아름다우면서도 애환이 넘치는 애잔한 얘기이다. 장돌뱅이 허생원이 자신과 함께 장터를 찾아 떠도는 동이가 자기의 아들임을 알게 되는 과정을 그리고 있다. 애욕과 혈육의 정이 애틋한 느낌으로 드러남으로써, 자연성과 신비성을 향토색과 메밀꽃의 정경 속에서 떠올리고 있다는 평을 듣는다. 이효석 자신은 이 작품에 대해 "애욕의 신비성을 다루려 했다."라고 밝힌 바(「현대적 단편소설의 상모」, 「조선일보」, 1938년 4월 7~9일) 있다. 인간 삶의 가장 본원적인 정서 가운데 하나인 혈육의 정을 장돌뱅이라는 시장을 통해 살아가는 이로 확인하는 것은 그만큼 시장이라는 곳이 사람들이 이합집산하면서 삶을 거래하고 관계를 엮어내는 곳이기 때문이다. 특히 이 소설은 욕망의 현장인 시장과 시장을 찾아가는 길에서 바라보는 자연과의 융화가 잘 이루어져서 특이한 경험을 우리에게 갖게 해준다.

한편 박경리의 소설에서 시장은 두 개의 관점으로 비교되어 나타난다. 주인공 기훈과 지영을 통해 그러한 관점이 드러난다. 지영에게 있어서 시장은 '집에서 저녁을 먹고 커피를 마시며 음악을 감상하면서 잠시나마 꿈에 젖는' 그런 황홀경과 이어진 공간이다. 적군 치하의 남대문 시장에서도 장난감을 고르는 인민군의 모습을 통해 시장을 화해와 희망, 활기, 기쁨 등과 같은 이미지로 묘사한다. 반면 하기훈이 보는 시장은 옷을 팔러가는 여인의 모습을 통해 보다 엄숙하고 비장한 느낌을 주는 공간으로 상상된다. '시장'과 '전장'은 소모라는 공통점을 갖는데, 곧 전장이 인간이 소모되는 장소라면, 시장은 상품이 소모되는 곳이다. 지영에게 있어서 시장은 생명력이 넘치는 반면, 기훈에게 시장은 생명력이 소모되는 비정한 장소가 되는 것이다. 물론 박경리가 좀 더 적극적으로 바라보는 공간은 지영의 관점인데, 이를 통해 박경리는 특이한 전쟁문학의 의미를 증폭시킨다.

'시장 간 엄마, 안 오시네'

시장을 소재로 한 시들은 대부분 삶의 애환과 연민이 물씬 묻어난다.

진주(晉州) 장터 생어물(魚物)전에는
바닷밑이 깔리는 해 다 진 어스름을,
울엄매의 장사 끝에 남은 고기 몇 마리의
빛 발(發)하는 눈깔들이 속절없이
은전(銀錢)만큼 손 안 닿는 한(恨)이던가
울엄매야 울엄매,
별밭은 또 그리 멀어
우리 오누이의 머리 맞댄 골방 안 되어
손시리게 떨던가 손시리게 떨던가,
진주 남강(南江) 맑다 해도
오명 가명
신새벽이나 별빛에 보는 것을,
울엄매의 마음은 어떠했을꼬,
달빛 받은 옹기전의 옹기들같이
말없이 글썽이고 반짝이던 것인가.

– 박재삼 「추억에서」 전문

박재삼 시인의 유년의 삶을 떠올려주는 듯한 추억의 시다. 전반적으로 회상적이면서, 애상적인 감상이 리듬감 있는 어조 속에 묻어난다. 어린 아이의 목소리를 통해 어머니를 기억함으로써 이 시는 동시적인 분위기를 풍기는데, 그런 가운데 감각적인 묘사를 통해 어린이의 엄마를 기다리는 감정이 생생하게 드러난다. 그의 어머니는 진주 장터에서 어물전을 열어놓고 생선을 판다. 종일 그렇게 장사를 하는 것이다. 어느덧 해가 넘어가고 어스름이 깔리는 정경이 '바다밑이 깔리는 어스름'으로 그려지면서, 아직 팔리지 못하고 남은 생선의 눈알들이 발하는 빛으로 한이 드러난다. 그 한은 '은전만큼 손 안 닿는 한'이다. 가난으로 인한 고난의 삶을 그렇게 묘사한 것이다. 어머니가 돌아오기를 기다리며 추위에 떨며 기다리는 오누이를 키우는 어머니가 생활을 어렵게 꾸려나가는 신산함을 시장 구석의 한 구체적인 묘사를 통해 드러낸 것이다. 어머니는 새벽에 시장에 나가 저녁 늦게 돌아온다. '진주 남강 맑다 해도 / 오명 가명 / 신새벽이나 별빛에 보는 것'은 그 점을 선명하게 부각시킨다. 이러한 묘사를 통해 어두운 어머니의 마음을 짐작하는 화자의 그리움과 애틋한 정감이 묻어나오고 있다. 어머니의 마음을 '달빛 받은 옹기전의 옹기들같이 / 말없이 글썽이고 반짝이던 것'으로, 자신이 고달프고 한스러운 삶의 애환을 아무에게도 표내지 않으려는 억제된 모습으로 그려냄으로써 더욱 아린 가슴의 한을 고조시킨다.

어머니는 우리 삶에서 가장 근원적인 사랑의 세계의 표상이다. 어머니는 우리의 젖줄이며, 언제나 우리를 안아줄 넓은 가슴을 지닌다. 어머니에 대한 그리움은 그러므로 누구에게나 가장 깊고 크며 공감력이 큰 것이라 할 수 있다. 이 시는 그러한 어머니의 모습을 향토적인 감각으로 떠올리면서, 어려운 삶을 참고 견디면서 어린 오누이를 키워나가는 시장판의 한 여인을 우리의 전통적인 어미의 모습으로 아름답게 떠올린다. 어머니의 기억을 토속적인 정서로 드러나는 남도의 옛 재래시장의 모습과 함께 떠올리는 게 퍽 인상적인데, 이 때문에 박재삼 시의 특징으로 꼽히는 토속적 정서가 잘 드러난다. 재래시장 속에 어머니를 배치한 것은 시장이야말로 가장 적나라한 우리 삶의 터전이었음을 상기시키면서, 어머니를 기다리는 오누이를 통해 그것이 우리 삶의 가장 치열한 거래처이자, 젖줄이었음을 상기시키기 위해서일 것이다.

하늘은 날더러 구름이 되라 하고
땅은 날더러 바람이 되라 하네.
청룡 흑룡 흩어져 비 개인 나루
잡초나 일깨우는 잔바람이 되라네.
뱃길이라 서울 사흘 목계 나루에
아흐레 나흘 찾아 박가분 파는
가을 볕도 서러운 방물장수 되라네.
산은 날더러 들꽃이 되라 하고
강은 날더러 잔돌이 되라 하네.
산 서리 맵차거든 풀 속에 얼굴 묻고
물 여울 모질거든 바위 뒤에 붙으라네.
민물 새우 끓어 넘는 토방 툇마루
석삼 년에 한 이레쯤 천치로 변해
짐 부리고 앉아 쉬는 떠돌이가 되라네.
하늘은 날더러 바람이 되라 하고
산은 날더러 잔돌이 되라 하네.

– 신경림 「목계장터」 전문

목계나루에서 방랑과 정착의 갈등을 되새김질하는 마음을 진솔하게 표현한 시다. 뿌리 뽑힌 민초들의 삶을 그려온 신경림의 시의 특징을 유감없이 보여주면서, 특히 4음보 율격의 전통 민요조의 리듬감이 잘 살아있다. 장터를 전전하는 떠돌이가 주인공(화자)인데, 떠남과 정착의 서로 대비되는 이미지들의 교차를 통해 삶의 갈등과 그 극복의지를 보여준다. '강', '구름', '바람', '나루'는 떠남의 이미지들이다. 한편 '산'과 '들꽃', '잔돌', '토방 툇마루' 등은 정착의 이미지다. 이들 이미지들은 서로 대비되면서 얽힌다. 방랑하면서도 끊임없이 정착의 꿈을 지피는 삶의 모습이 그런 대비를 통해 갈등 양상으로 떠오르면서, 떠돌이 삶 특유의 애환을 불러일으킨다.

하늘과 땅이 '나'에게 구름이나 바람이 되라고 하는(1~4행) 것은 떠돌이의 삶이 자신의 운명임을 수용하는 것이다. '나'는 방물장수의 운명을 그렇게 타고났다는 떠돌이 삶에 대한 인식(5~7행)도 그러하다. 그런 가운데 정착의 꿈을 버리지 못한다. 산과 강이 '나'에게 잔돌이 되라고 하는 것(8~11행)은 나약한 자신의 삶을 어쩔 수 없이 보여주는 대목이다. 그것이 뒷부분(12~14행)으로 오면서 다시 삶의 애환과 비애의 떠남의 이미지로 돌아오고, 동시에 끝부분(15~16행)에서 하늘과 산이 '나'에게 바람과 잔돌이 되라 한다고 떠남과 정착의 갈등을 되씹는다. 대조되는 이미지를 병치함으로써 거듭 주제를 강조하고 있다. 일상의 토속어를 구사하여 정착하지 못하고 떠도는 민중의 삶의 모습을 형상화하고 있다.

전통 농경사회에서는 정착하여 사는 것이 가장 바람직한 삶으로 여겨지기도 했었다. 그러나 장돌뱅이들은 그런 안정된 삶에서 벗어나 있어서 늘 불안정하다. 그런 가운데 오일장은 길에서 길로 떠도는 장돌뱅이들의 집결지였다. 그나마 잠시 짐을 풀어놓고 사람들과 만나는 푸근한 공간이었다. 민중의 떠돎은 그렇게 시장에서 시장으로 이어지는 '방물장수'의 모습으로 떠오른다. 그리하여 시장이 삶과 삶을 이어주는 징검다리가 되고 있음을 강조한다. 옛 오일장을 찾아 떠돌던 민초들의 정서가 대구를 통한 리듬감과 행의 반복과 각운의 활용으로 음악성이 강조되면서 유장한 기분을 자아낸다. 5일장은 우리의 재래시장의 형태이면서, 지금까지도 그 형태가 많은 곳에서 잔존하고 있다는 점에서 이 시는 전통성과 현대성을 동시에 반영하는 효과를 자아내고 있기도 하다.

열무 삼십 단을 이고
시장에 간 우리 엄마
안 오시네, 해는 시든 지 오래

나는 찬밥처럼 방에 담겨
아무리 천천히 숙제를 해도
엄마 안 오시네. 배추잎 같은 발소리 타박타박
안 들리네, 어둡고 어두워
금간 창 틈으로 고요히 빗소리
빈방에 혼자 엎드려 훌쩍거리던

아주 먼 옛날
지금도 내 눈시울을 뜨겁게 하는
그 시절, 내 유년의 윗목

-기형도 「엄마 생각」

29세의 나이로 너무 일찍 타계한 기형도의 시에는 자신의 삶을 성찰하는 어두운 마음의 그림자가 유난히 짙게 드리워져 있다. 이 시는 박재삼의 「추억에서」와 비슷한 유년의 추억을 드러낸 시다. 가난했던 시절, 엄마는 열무 삼십 단을 이고 시장에 갔는데, 해가 저물어도 오지 않자 불안하게 엄마를 기다리는 어린애의 마음이 애잔하게 가슴을 친다.

'열무 삼십 단'은 엄마가 이고 느끼는 고단한 삶의 무게라 할 수 있다. 그 무게는 시장에서 비로소 내려놓게 되며, 해소된다. 그러나 그것이 어디 쉬운 일인가. 그런 엄마를 기다리는 소년은 또 얼마나 애타는가. '안 오시네, 해는 시든지 오래'라는 표현은 어둡고 무거운 분위기를 자아낸다. 이어서 '나는 찬밥처럼 방에 담겨'의 어둠 속에서 외로움에 떨고 있는 화자의 모습이 나타난다. 그는 숙제를 '천천히' 한다. 외로움과 두려움을 잊으려고 일부러 숙제 일에 몰두하고 있는 것이다.

그러나 '배추잎 같은' 엄마가 돌아오는 발소리는 안 들린다. 배추잎은 삶에 지친 어머니의 축 처지고 후줄근한 모습의 비유이다. 어둡고 어두운 속에서 무섭고 외로운 마음을 졸이는 가운데, 비까지 온다. 빗소리는 화자의 외로운 정서를 고조시키는 청각적 심상이라 할 수 있다. 이러한 외로움과 기다림의 모습이 바로 '내 유년의 윗목'이라고 화자는 말한다. 특히 '윗목'이란 말은 앞의 '찬밥'이라는 말을 연상시키면서 유년의 자신이 찬밥신세처럼 외롭고 소외된, 서러운 처지였음을 강조하는 이미지다.

박재삼의 「추억에서」와 기형도의 이 시에서도 드러나듯, 시장은 무엇인가를 팔아서 살아가는 서민들의 가장 직접적인 거래처다. 그곳은 언제나 경쟁적으로 서로 부대껴야 하며, 때로는 서로 속이고 속는 곳이기도 하다. 그런 시장의 한구석에 어머니가 있다는 생각을 해보라. 얼마나 불안하겠는가. 그런 가운데 어머니는 어머니대로 빨리 물건을 팔아서 집에 가서 자식들에게 밥을 먹여주어야 한다는 생각을 잠시도 떨치지 못하고, 자식들 역시 어머니를 애타게 기다리는 배고픈 그리움에 무작정 매달려 있는 것이다. 이러한 자식들과 모성의 얽힘을 통해 시장이라는 공간이 보다 극적으로 우리 삶의 중심적 위치에 놓이게 됨을 느낀다.

> 낫, 호미, 삽, 칼, 드라이버, 망치, 뺀치, 그리고 양동이, 물뿌리개, 연탄난로, 디지털 키, 도어록 등 온갖 철물들을 자신의 전 생애처럼 널어놓고 파는 김 씨는 평생 장을 떠돌아다녔지만, 결코 자신을 다 드러내놓은 건 아니라며 심드렁한 대낮을 돌아앉아 있다. 시장 한 구석에서 독을 파는 심 씨가 독 안에다 제 속 비워내는 목소리 우렁우렁거리는 걸 참 푸짐한 소리라며, 그래도 자신의 속까지 다 팔아선 안 된다며, 파장 때까지 제 그늘 밟고 앉아 낫처럼 허리 구부린 채 녹슨 철물들처럼 불콰하게 버틴다, 사람들이 양지쪽에 펼쳐놓은 김 씨의 철물들 가운데서 햇볕에 잘 익어 참 따뜻한 것 하나를 골라낼 때까지.
>
> – 이하석 「현풍장」 전문

옛 재래시장의 풍경이면서, 바로 오늘의 시장 풍경이기도 하다. 현풍장은 지금도 닷새마다 질펀하게 열린다. 이 시에 나오는 김 씨 역시 오일장마다 떠돌아다니며 목 좋은 곳을 잡아 철물들을 펼쳐놓고 파는, 그야말로 평생을 떠돈 장돌뱅이다. 그가 펴 놓은 물건들은 일상생활에 잘 쓰이는 잡다한 용구들인데, 그야말로 '없는 것 빼고는 다 있'다. 이런 잡다한 것들을 젊을 때부터 시장마다 펼쳐놓고 팔아온 것이니, 이 모든 게 그의 삶의 전부인 셈이다. 그러므로 '온갖 철물들을 자신의 전생애처럼 널어놓고' 판다고도 말할 수 있겠다. 그러나 결코 자신의 마음만은 다 드러내놓고 판 적이 없다고 강조하는 데서 그의 삶에 대한 자존과 고집을 느낀다. 시장은 모든 걸 거래하는 곳이지만, 그것은 어디까지나 상품들의 거래일뿐이다. 그러나 세상은 물질만능의 세태가 되어버렸다. 상품과 사람이 같이 가격이 매겨져서 거래되는 지경이 되어버린 것이다. 어떤 면에서는 사람이 상품보다 못한 존재로 전도되고 있기도 하다. 마음만은 싸게 사고파는 게 아니라는 그의 생각은 오늘의 상품가치와 동격으로 되어버린 사람의 가치를 그래도 지킨다는 자존심의 강조라 할 수 있다. 그러한 자존심이 강조될 때 그의 딱딱하고 차가운 철물들은 비로소 '따뜻한 것'이 되어 사람들이 기꺼이 믿고 골라잡을 수 있게 되는 것이다.

무너지는 재래시장의 상권

우리 정서 속의 재래시장을 무대로 한 문학작품들을 음미해봤지만, 이들 작품들이 드러내는 많은 정서들은 지금도 여전히 오일장이 서는 농촌지역에서는 맞닥뜨릴 수 있다. 그러나 차츰 농촌지역도 읍 소재지마다 대형 마트가 세워지면서 작은 점방은 물론 재래시장의 상권이 붕괴되고 있다. 이러한 현실이 우리 문인들의 새로운 관심을 끌고, 이와 관련된 묘사들이 많아지고 있다. 특히 대형 마트의 국제적인 유통체계가 도시를 점령함으로써 상품과 인간의 전도 및 인간의 상품화 등 새로운 소외문제가 불거지고 있다. 이 점은 우리 문학에서 새로운 새대들에 의해 본격적으로 점검되고, 그 속에서 살아가는 삶의 갈등이 새로운 양상으로 표출될 것이다.

어쨌든 지금까지 음미해본 재래시장 중심의 정서들은 우리가 가누어왔던 과거 삶의 한 양상을 극명하게 보여준다고 할 만하다. 그 속에는 궁핍했던 우리 삶이 고스란히 숨 쉬고 있다. 아울러 도시적 생활과는 아주 다른 여유와 자연으로 열린 풍경을 간직하고 있어서, 그야말로 인간적 소통의 한 전형을 보여주고 있기도 하다.

더 읽을거리

김주영, 『객주』, 문이당, 1984.
김우창, 『경계를 넘어 글쓰기』, 민음사, 2001.
조재곤, 『보부상』, 서울대출판부, 2003.
박은숙, 『시장의 역사』, 역사비평사, 2008.
문학과사회연구회 엮음, 『문학과 현실의 삶』, 국학자료원, 1999.

| 여덟 번째 강의 |

역사적 자본주의의 수정과 아시아

–강진아(경북대학교 사학과)

역사학은 사료 속에 숨겨진 '과거'의 진실을 찾아내는 학문일까? 대답은 물론 그렇다이다. 하지만 그것이 다는 아니다. 역사학은 오늘날 역사가와 역사를 배우는 인간들이 살고 있는 시대에 따라 조형되는 피조물이기도 하다. 모든 것이 시장과 그 시장을 도는 화폐에 지배받고 있는 오늘날 사회를 우리는 자본주의 사회라고 부른다. 그리고 자본주의의 생산력과 물리력을 먼저 획득한 서구가 동아시아를 자본주의의 시장경제 질서 내로 편입시켰던 19세기 이래, 자본주의는 서구의 창조물로 역사는 기술했다. 그러므로 자본주의의 역사는 서구 자본주의의 탄생과 전파의 역사였던 것이다. 하지만 21세기 도입부에서 세계 자본주의의 역학 구조는 크게 변화했다. 중국을 비롯하여 아시아 지역의 자본주의는 바야흐로 구미를 넘어설 정도로 맹진하고 있다. 중국은 곧 미국을 능가할 최대의 '시장'이 될 것이다. 이제 사람들은 지금까지 배워온 자본주의의 역사 기술을 의심의 눈으로 보기 시작했다. 과연 자본주의는 서구의 발명품일까?

근대와 자본주의

자본주의가 서구의 발명품이 된 이래로 아시아 혹은 동양은 열등한 문명으로 전락했다. 그렇지만 산업자본주의가 꽃을 피우며 놀라운 생산력을 선물한 19세기 이전까지 아시아는 생산력에서 유럽에 대등하거나 오히려 앞섰다. 때문에 16~17세기 유럽인이 아시아 특히 중국을 보는 시각은 부유한 선진국에 대한 선망이었다. 유럽인의 중국관이 분기(分岐)하기 시작하는 것은 계몽주의 학자들의 언설에서 확인할 수 있는데 이때까지만 해도 긍정적인 시각이 더 많았다. 라이프니츠, 볼테르, 케네 등은 중국에서 자애로운 전제주의, 능력주의, 농업에 기초한 국민경제의 우월성을 찾아냈다. 케네(1694~1774)는 중국이 "유럽이 하나의 주권국가로 통일될 수 있을 때에야 가능한 형태"라고 보았으며, 『국부론』의 저자 애덤 스미스(1720~1790)는 중국의 '국내 시장'은 유럽 각국을 모두 모아놓은 시장에 못지 않다며, 가장 부유한 국가로 중국을 꼽았던 것이다.

하지만 비슷한 시기 몽테스키외(1689~1755)는 『법의 정신(*The Spirit of the Laws*)』에서 독특한 기후와 문명 상관설을 전개하여 중국 문명이 열등하다고 주장했다. 그는 기후의 차이가 문명에서 본질적 차이를 낳는다고 보았다. 즉 열대는 열등하고 전제지배를 받기 쉽지만, 한대는 우수하고 자유로운 정신에 충만하다는 것이다. 그런데 유럽은 기온대가 큰 차이 없이 온대지역이 넓게 펼쳐져 있기 때문에, 온대 내에서 계속 싸우다가 여러 국가로 분열하고, 이런 경쟁 속에서 결국 자유로운 정신을 유지할 수 있었다고 한다. 서로 비슷하여 전제지배가 통하지 않기 때문이다. 하지만 아시아는 온대가 없고 한대와 열대가 바로 붙어 있어 전제지배와 노예제가 확립됐다는 것이다. 또 몽테스키외는 중국의 위정자들은 이 큰 나라를 통치하기 위해 제도와 의례를 바꾸지 않는 정책을 취했기 때문에 법률과 관습은 진화하지 않았으며, 중국 사회는 오로지 정복자에 의해서만 새롭게 바뀔 수 있다는 중국 사회 정체론(停滯論)을 전개했다.

몽테스키외의 중국관과 같은 부정적 이미지는 18세기에는 소수였으나 19세기가 되면 유럽사회에 보편화된다. 헤겔(1770~1831)은 문자 중에 상형문자가 가장 저급하며, 한자가 바로 그렇다고 말하고, 중국 문명은 공간만 있으며 시간이 없는 정체된 국가라고 주장했다. 헤겔의 중국/아시아관은 마르크스(1818~1883)에게도 깊은 영향을 주는데, 마르크스는 아시아적 생산양식론을 주장하여 아시아에서는 자본주의는커녕 봉건주의도 발생할 수 없다고 말했다. 19세기에는 중국과 왕래가 확대되어 많은 유럽 상인들과 모험가들이 인도양을 건너 극동으로 갔다. 그들의 눈에 비친 중국은 "관료기구는 억압적이고 군사적으로 약한 제국"이었으며, 그런 시선은 각종 기행문과 문학을 통해 유럽사회에도 공유되었다. 특히 군사력에서 신속한 발전을 보이던 유럽인들은 문인 신사층(紳士層)이 지배하는 중화제국의 군사적 취약함을 오랫동안 강조하게 된다. 이러한 중국 정보와 이미지의 유통 끝에 1840년 아편전쟁이 있게 되었음은 말할 필요도 없다.

19세기와 20세기는 서구문명의 완전한 승리처럼 보였다. 근대화론의 등장은 19세기에 본격화된 산업혁명 자체보다는 시장경제의 형성, 근대적 소유권 확립과 자본 형성, 근대적 노자(勞資)관계 등 제도 전반을 중시하면서, 서구 자본주의의 역사를 16세기 대항해시대, 17세기 과학혁명까지 소급하였다. 이러한 소급은 곧 서구문명의 우위의 시점이 소급된 것이기도 했다. 게다가 근대화론 속에 잠복한 서구문명 우위의 신화는 자본주의의 대항점인 소련과 사회주의 진영이 몰락하고 미국의 유일 패권이 누구의 눈에도 자명해진 20~21세기 전환기에는 더욱 노골화되었다. 프랜시스 후쿠야마(F. Hukuyama)는 자본주의야말로 "역사의 종말"이라고 선언하기에 이른다. 미국 자본이 부르짖는 신자유주의의 확산과 함께 진행된 전지구화의 물결 속에서 역사에서도 거시사(macro-histories)가 유행하면서 역사가 역시 "왜 유럽은 승리할 수밖에 없었는가"라는 질문에 답하는 저작을 쏟아냈다. 하버드 대학의 데이비드 랜디스(D. Landes)는 지난 천 년간 진보의 핵심은 '서구문명과 그 확산'이었다고 말했으며, 오스트레일리아 역사학자 에릭 존스(Eric Jones)는 사유재산권 확립, 분할된 유럽의 상호 경쟁 시스템, 군사-재정 국가와 자본주의가 "유럽의 기적(The European Miracle)"을 낳았다고 말했다.

그러한 유럽의 승리는 거꾸로 아시아의 패배를 불가역한 역사적 규율로 만들어버린다. 사람들은 쉽게 200년 전까지의 역사를 잊어버리고 있었다. 이런 분위기에 반박을 가한 것은 다름 아닌 경제사가들이었다. 경제사가들은 자본주의의 외연을 무한정 확장하는 것에 반대하고 산업자본주의에 강조점을 두면서 경제사에서 근대 사회의 출발점은 어디까지나 산업혁명이라고 강조하였다. 그리고 산업혁명의 발상지인 영국과 나머지 유럽을 비교, 분석하면서 왜 영국에서 산업혁명이 발생했는가를 설명하는 가운데 영국의 산업혁명이야말로 특수한 사례임을 강조했다.

일부 학자들은 산업혁명보다 더 중요한 것은 그 원동력인 에너지 혁명이라면서, 산업혁명은 곧 "석탄과 철의 혁명[煤鐵革命]"이었으며, 영국이 특별했던 것은 바로 이 두 가지를 독보적으로 장악하고 있었기 때문이라고 주장했다. 경제사가 위글리(Edward Anthony Wrigley)는 "고도 유기 경제(advanced organic economy)"와 "무기 에너지 경제(mineral-based energy economy)"를 구분하여 네덜란드, 프랑스를 전자에, 영국을 후자에 분류했다. 존 네프(John Nef) 역시 네덜란드와 프랑스는 석탄과 철의 확보에서 영국에 결정적으로 뒤처졌고 그 결과 산업혁명은 영국에서 일어날 수 있었다고 말했다. 또한 틸리(Charles Tilly), 스눅스(Greame Donald Snooks) 등 저명한 역사학자들은 모두 영국에서 발생한 산업혁명이란 현상은 우연적이었으며, 그 우연적 결합에 의해 일단 발생한 뒤에는 이전 경제구조의 한계를 완전히 뛰어넘는 돌파적(breakthrough) 성격을 가졌다고 말했다. 이렇게 본다면 자본주의의 본격적 시작 시점도 서구문명의 우세 시점도 빨라도 18세기 늦으면 19세기 초반으로 내려앉게 된다. 그리고 산업혁명의 우연성과 획기성의 강조는 근대 이전 동서양 간 문명 격차에 대한 회의론으로 이어지게 되었다.

자본주의의 세계사적 발전 통설의 비판 : 원공업화 이론과 동서 비교

1970년에 산업혁명이 왜 발생했는가를 해석하는 새로운 이론으로 유럽에서 "원(原)공업화 이론(proto-industrialization)"이 등장했다. 원공업화 이론이란 본격적인 공업화 개시 이전, 즉 산업혁명(industrial revolution) 이전 17, 18세기 유럽 사회에서 농촌지역의 수공업이 광범위하게 전개된 점을 포착하여, 이 다이내미즘이 경제뿐 아니라 인간들의 사회적 행동, 특히 가족형성 행동에까지 영향이 미치고, 결국 산업혁명까지 이어지는 변화의 계기를 만들었다는 주장이다. 이 이론은 멘델스(Mendels)의 프랑스 플랑드르 린넨 방직업 연구에서 시작되었는데, 그는 원공업화가 본격적 공업화를 위해 공장제에 적합한 노동자를 미리 육성할 수 있었다고 주장했다. 그리고 농촌 가내공업이 공장제도로 이행하는 시점에 대해서는 "선대제 수익체감설"을 채용하여, 선대제가 발전할수록 도시부의 상인이 재료 및 자본을 배포하는 농촌지역은 확대되고 그러면 배포와 수거에 따르는 운송비도 증가하여 결국 도시부에 공장을 세워 노동자를 초모하는 것이 더욱 유리하게 된다고 말했다.

일견 정합적으로 보이는 이 설명은 그러나 실제 역사를 보면 맹점이 많다. 먼저 원공업화의 대표지역이었던 플랑드르의 린넨 공업은 공장제로 전환하지 못하고 쇠퇴하고 말았으며, 공장제로 전환한 지역이 다시 농업으로 돌아가거나 공장제 발전에 부수하여 선대제가 함께 성장하는 경우도 있었다.

이뿐 아니라 원공업화론의 논리 자체에는 산업혁명으로 나갈 수 없게 만드는 논리적 모순까지 숨어있다. 19세기 구미경제사에서는 미국과 비교하여 영국의 기계화가 왜 완만했는가라는 문제를 설명한 하박쿡(John Habakkuk) 가설이 유명한데, 하박쿡은 미국이 인구가 희박하고 임금이 높았기 때문에 기계화가 급속히 진행되었다고 밝혔다. 그리고 임금, 특히 농민의 노동 공급가격을 결정하는 요인으로 인구 증가율과 농업소득 수준, 특히 농가 부녀자 고용 가능성을 지적했다.

하박쿡의 가설에 따른다면 인구 증가율이 낮고 농업소득 수준이 높아서 농가 부녀자의 고용 가능성이 낮은 경제에서 임금이 높고 기계화의 유인이 크다. 그런데 이런 관점에서 원공업화와 기계공업화를 살펴보면 모순이 발생한다. 즉 원공업화의 핵심이야말로 바로 임금수준의 인상이 수반되지 않는 수공업생산과 인구 규모가 나선형(spiral)으로 확대되면서 빈곤과 발전이 병존하게 된다는 것인데, 그렇다면 임금수준의 인상에 따른 기계화로의 유인(誘因)은 원공업화론에서는 내재적으로 생길 수 없게 되는 것이다.

구미의 원공업화론 논쟁은 거꾸로 유럽의 산업화 이전 사회에는 자체적으로 산업혁명으로 나아갈 유인이 없었다는 점, 그리고 유럽의 원공업화 상태의 경제사회는 유럽 외에 중국 등 선진 아시아 지역에도 존재했을 뿐 아니라 고도로 발전했었다는 주장이 대두하는 새로운 국면으로 확산되었다.

원공업화론을 중국 전통경제에서 확인할 수 있도록 다양한 역사적 실증 연구를 제공한 것은 중국의 자본주의 맹아론 논쟁의 성과였다. 자본주의 맹아론은 1920년대 이래 중국의 사회학자, 경제학자, 역사학자를 중심으로 중국 전통사회에는 고도로 발전한 상업경제와 지역 간 업종 내 분업이 존재했고 자생적으로 근대로 나아갈 자본주의의 "맹아"가 있었으나, 19세기 중반 이래 서구열강과 자본의 침입으로 그 자생적 발전의 길이 차단되고 맹아는 꺾여 중국 자본주의는 서구 자본주의의 하부구조 아래에 종속적으로 편입되어 왜곡된 형태로 전개되었다는 주장이다. 이 주장은 모택동이 "자본주의 맹아"라는 용어를 1939년 발표된 문장에 삽입하여 쓰면서 중국공산당과 학계의 공식적 입장이 되었다. 자본주의 맹아론의 초기 학자인 부의릉(傅衣凌)을 비롯해 최근의 오승명(吳承明)과 이백중(李伯重) 등 중국학자들은 명청(明淸) 시대 강남(江南) 지역의 경제발전에 관해 광범위한 실증적 업적을 축적했다.

이러한 실증 연구의 축적 위에 최근에는 구미의 중국사 연구자 및 비서구 지역 연구자들에 의해 보다 체계적인 이론적 작업이 진전되었다.

미국의 경제사가 웡(R. Bin Wong)은 18세기의 중국 경제는 유럽과 대등한 정도의 발전수준에 달해있었으며, 1970년대 원공업화론을 비판적으로 수용하여 원공업화론에서 말하는 경제구조를 "스미스적 다이내미즘(Smithian Dynamism, 애덤 스미스가 살았던 시기에 존재했던 무기 에너지 이전의 시장과 분업에 의해 발전하는 경제)"이라고 말하고 그러한 다이내미즘은 중국에서 더욱 세련되게 발전하고 있었다고 말했다.

포머란츠(Kenneth Pomeranz)는 더 나아가 국가의 구분을 버리고 유럽의 선진지역과 아시아의 선진지역, 즉 영국과 중국 강남, 일본 및 인도의 경제 선진지역을 비교 분석하여, 그동안 유럽학자들이 말해왔던 서구 산업혁명의 필연성을 나타나는 지표들은 어느 하나도 유럽에만 있지도, 또 결정적으로 산업혁명을 유발할 단일 요소이지도 않았다고 결론 내렸다. 포머란츠의 주장은 기존의 유럽중심사관을 정면으로 돌파하는 것이었으며, 동시에 앞서 경제사가들이 주장한 산업혁명의 우연성과 돌파성과 공명하는 것이기도 했다.

그렇다면 포머란츠가 주장하는 산업혁명이 영국에만 일어날 수 있었던 동력은 무엇인가? 그는 원공업화 사회 혹은 스미스적 다이내미즘이 지배하는 사회에는 산업혁명의 내재적 동력이 없다는 주장에 동의한다. 그에 따르면 영국은 석탄자원이 산업에 이용하기에 매우 유리하도록 대량으로 또 도시부에 근접하여 배치되어 있었고, 해외 식민지의 착취적 독점적 이용으로 토지와 자원의 한계를 돌파할 수 있었기 때문에 산업혁명으로 나아갈 수 있었다.

유럽과 아시아는 본질적으로 19세기까지도 문명적 우열이 없었으며, 산업자본주의는 유리한 석탄 자원 배치와 해외 식민지 착취라는 '역사적 부채'를 지고 영국에서 '우연히' 발생했던 것이다.

아시아는 탈근대 시대의 대안일까?

영국을 모델로 한 자본주의와 자본주의에 기초한 근대문명은 이후 전 세계로 확산되었다. 그리고 자본주의는 지역에 따라 국가에 따라 계층에 따라 성별에 따라 다양한 역사를 만들어 갔고, 상이한 반작용을 낳으며 오늘날에 이르고 있다. 이제 21세기에 사람들은 자본주의 외의 뭔가 다른 것, 혹은 그것이 불가능하다면 좀 더 영국식 원형과는 다른 자본주의를 꿈꾸기 시작했다. 그 영감의 원천은 아시아가 되고 있다.

일본의 경제사가 스기하라 가오루(杉原薰)는 스미스적 다이내미즘에 처해 있던 아시아 전통사회를 전면적으로 재평가하여 서구 유럽과 비교해서 더욱 선진적인 사회로 보았다. 그는 인구와 토지 비율을 통해 동아시아에는 전례가 없을 정도로 적은 토지로 많은 인구를 부양했으며, 그 동력은 근면혁명(Industrious Revolution)이었다고 말한다. 중국과 일본은 이 근면혁명을 통해 산업사회 이전 전통사회를 지배했던 맬서스적 억제(Malthusian checks, 즉 과도하게 인구가 많아지면 부양할 수 없는 인구를 전쟁과 질병을 통해 감소시키는 메커니즘)에서 탈출할 수 있었고, 그 결과 중국과 일본은 모두 대규모의 인구 증가를 경험했다. 스기하라 가오루는 "이것이 세계 GDP에 미친 영향은 산업혁명(Industrial Revolution) 후 영국이 미친 영향보다 훨씬 더 컸다. 영국이 1820년에 세계 GDP에서 차지하는 비중은 6%에 못 미쳤다."라고 말하고 이를 "유럽의 기적"에 빗대어 "중국의 기적"이라고 불렀다. 동아시아의 "근면혁명(勤勉革命)"은 인력의 집약적 이용에 기초한 생산성 혁명이다. 동아시아의 집약적 농법과 효율적인 토지 이용은 유럽 수준을 뛰어넘는 것이었다. 흥미로운 것은 스기하라 가오루가 이 동아시아의 전통이 오늘날 동아시아 자본주의에도 구현되고 있고, 그 점이 20세기 중후반 이후 세계 자본주의에서 동아시아 지역의 돌출적 성장에 가장 근원적인 원동력이라고 주장한 점이다.

스기하라 가오루는 "(인력을 중시하는 동아시아의 전통경제에서는) 특정 업무의 특화보다는, 여러 가지 업무를 다 잘할 수 있는 능력이 선호되었다. 그리고 개개인의 능력을 신장시키는 것보다는 가족의 다른 성원과 협조하도록 노력하는 것이 장려되었다. 무엇보다도 가족 성원 모두가 농장의 작업 패턴에 적응하고, 가외의 혹은 긴급한 필요에 유연하게 대응하며, 생산의 경영상에서 발생한 문제에 함께 공감하고, 잠재적으로 발생할 수 있는 문제들을 예상하여 방비하도록 노력하는 것이 중요했다. 전문적 기술을 기본적으로 두루 갖춤과 동시에, 경영상의 기술은 가족 단위에서 적극적으로 요구되는 능력이었다."라고 말한다. 이러한 "비(非)인적 자원보다는 인적 자원을 동원하는" 노동집약적 생산방식은 19세기 말~20세기 초 서구 근대 산업문명과 접한 뒤에 새로운 형식의 산업화 방식으로 재탄생되었다. 메이지 유신 이후 일본은 토지와 자본 모두 부족하지만 노동은 풍부하고 상대적으로 질이 높다는 인식에 입각하여 산업화 전략을 채택했다. 따라서 전통 산업의 근대화, 생산요소인 토지, 자본, 노동의 주어진 조건이 서구와 일본이 다른 상황에서 전통적인 노동집약적 기술을 적극적으로 이용하고, 서구 기술의 적용은 신중하게 했던 것이다. 스기하라는 이 잡종의 발전 경로를, "서구적 경로보다 노동을 더 전면적으로 흡수하고 이용하면서 기계와 자본으로 노동을 대체하는 것에는 덜 의존한다."라는 의미에서, "노동집약적 산업화(labor-intensive industrialization)"라고 불렀다.

아리기(G. Arrighi)는 스기하라의 주장을 확대하여 개혁개방 이후 중국의 경제발전을 바로 이러한 아시아적 전통에서 찾았다. 그리고 개혁개방 이후의 중국은 자본주의 발전 개념보다는 스미스가 말한 시장 경제로의 복귀에 더욱 잘 들어맞는다고 주장하였다. 예를 들어 양질의 저렴한 농촌노동력을 최대한 활용하는 향진기업(鄉鎮企業)의 발전, 사회주의적 의료복지의 유지, 토지사유권의 불인정, 자본과 기계보다는 저렴한 노동력을 적극 활용한 작업장이 그러하다. 아리기는 중국의 경제발전은 인적 자원을 중시하고 인적 자원에 의존한 발전이며, 근면하고 교육받은 노동자의 대량 공급과 기술자 과학자 전문가의 저렴한 공급 덕분이라고 보았다.

또 나아가 아리기는 종전에 그가 『장기 20세기』에서 전개한 세계체제의 순환과 헤게모니론을 확대하여 20세기 미국 헤게모니가 21세기 중국 헤게모니로 대체될 것이라고 보았다. 그의 헤게모니 교체론과 세계 자본주의의 중심 이동론의 핵심은 자본주의의 속성 자체에 있다. 그에 따르면, 자본은 끝없는 축적 때문에 주기적 불황을 겪게 되고, 이를 해소할 "끝없는" 확대와 축적을 반복하는데, 팽창의 한계에 도달한 세계 자본주의는 "자본주의 체계의 총사령부"가 새로운 중심에 재배치됨으로서 한계를 돌파해 계속 발전할 수 있다. 그리고 이러한 부(wealth)는 힘(power), 즉 곧 헤게모니로 연결된다는 것이다. 바꿔 말하면 세계 자본주의 중심의 연쇄는 세계 헤게모니의 연쇄이다.

이런 논리에서 아리기는 중국이 세계 자본주의의 중심이자 헤게모니 국가가 될 것이라고 점치는데, 주목할 만한 것은 그가 21세기에 새로 올 중국 헤게모니가 여러 면에서 기존 자본주의 헤게모니와는 다르다고 강조하는 점이다. 동아시아적 전통을 이어 새로운 형태의 자본주의를 전개하고 있는 중국 경제는 경제발전 경로에서 "자원절약적, 친환경적"이며, 헤게모니의 성격에서 "평화적"일 것이라는 전망이다.

이상으로 우리는 자본주의를 매개로 동-서양의 문명 간 경쟁과 그를 바라보는 역사적 시선의 변화를 살펴보았다. 그 변화의 이면에는 19세기에 발생하여 20세기를 뚫고 성장한 근대 자본주의라는 발명품에 대한 인류의 회의가 숨어있다. 아시아가 그런 회의에 자양분을 주고 있다는 것은 틀림없는 사실이지만, 그 회의 뒤에 어떤 열매가 열릴지는 여전히 알 수 없다.

더 읽을거리

지오반니 아리기, 『장기 20세기: 화폐, 권력, 그리고 우리 시대의 기원』, 백승욱 역, 그린비, 2008.

지오반니 아리기, 『베이징의 애덤 스미스』, 강진아 역, 길, 2009.

스기하라 가오루, 『아시아간 무역의 형성과 구조』, 박기주, 안병직 공역, 전통과현대, 2002.

강성호, 「<우리 시대의 역사가들> '전 지구적' 세계체제로 본 세계사와 동아시아사-안드레 군더 프랑크」, 『역사비평』82, 2008.

강진아, 「<우리 시대의 역사가들> 동아시아로 다시 쓴 세계사-포머란츠와 캘리포니아학파」, 『역사비평』82, 2008.

배영수, 「미국은 제국인가?」, 『미국학』29, 2006.

강진아, 「16-19세기 중국경제와 세계체제-"19세기 분기론"과 "중국중심론"」, 『이화사학연구』 31, 2004.

| 아홉 번째 강의 |

시장의 신화화

-이기웅(경북대학교 노어노문학과)

소개

먼저 언뜻 불충분해 보이는 이 강의의 제목 "시장의 신화화"를 오해가 없도록 보다 명확히 할 필요가 있다. 여기서 이 제목이 뜻하는 바는 '시장을 신화화하는 것'이 아니라 '시장에 의한 신화화 과정', 혹은 '시장의 기저에서 작동하는 신화화 메커니즘'이다. 그렇다하더라도 여전히 의문이 남는다. 즉, 과연 무엇을 신화화한다는 말인가? 그것은 시장에서 상품을 그리고 우리의 상품 "소비"를 신화화한다는 것이다. 그런데 이때 "신화"라는 말은 과연 어떤 뜻일까? 흔히 말하는 "단군 신화", "그리스 신화", "로마 신화" 등과 같은 명칭으로 쓰이는 "신화", 즉 '아주 오래전에 일어났다고 주장되는 혹은 구체적인 증거도 없이 단언되는 사건들에 대한 이야기'를 말하는 것일까? 아니면, 비유적으로 "정주영 신화", "노무현 신화", "삼성 신화", "히딩크 신화" 등과 같은 것, 즉 '신화 같은 현실에 관한 이야기'를 의미하는 것일까? 물론 여기서는 후자의 경우에 더 가까운 의미라고 하겠다. 요컨대, '현실에 있는 어떤 것의 실체적 의미를 특정한 방식으로 변형,

왜곡시켜서 우리에게 마치 신화처럼 당연한 것으로 받아들이게 하는 메시지 유형'을 "오늘날의 신화"라고 할 수 있을 것이다. 이상과 같은 부연설명을 통해서 "시장의 신화화"라는 이 강의의 제목이 무엇을 뜻하는지는 아마도 좀 더 명료해졌을 것이다.

그렇다면 이 같은 제목과 더불어 이 강의는 어떤 목적을 갖고 또 무엇을 해명하려 하는 것일까? 이 강의는 자본주의의 역사적 전개 과정 속에서 형성된 현재와 같은 "소비 사회"에서 시장이 우리에게 당연한 것으로 내면화시키면서 소비 행위를 강요하고, 촉진하는 메커니즘을 분석적인 방식으로 고찰하고자 한다. 여기서 "분석적인 방식"이라는 말은 그러한 메커니즘을 구성하는 일련의 계기들을 차례차례 하나하나 분리해서 그 특징적 요소들을 살펴보겠다는 것을 의미한다. 그리고 이어서, 이처럼 분석된 계기들이 어떻게 통합돼서 현재의 소비 사회에서 보는 바와 같은 시장의 메커니즘을 구성하게 되며, 또 이러한 구성의 결과가 어떤 실천적, 이데올로기적 효과를 갖는지에 대한 종합적 고찰이 필요하다. 이처럼 인간들 사이에서의 실천으로써 이루어지는 사회적 현실이나 사실 혹은 현상의 만족할 만한 해명에는 적어도 두 가지의 방법적 접근이, 즉 분석적 접근과 종합적 접근이 끊임없이 서로 전제되어야만 한다. 왜냐하면 사회 속에서 인간의 실천이, 그 실천들을 통해서 구성되고 변화하는 현실이 총체화의 과정인 이상, 이에 대한 해명 또한 분석적 작업과 종합적 작업이 끊임없이 서로를 향해서 왔다갔다 하는 총체화의 과정일 수밖에 없는 것이다. 따라서 이 강의는 이 같은 방법적 토대 위에서 시장의 신화화 메커니즘의 요체라고 할 수 있는 상품과 상품 소비의 기호화 과정을 살펴보고, 또 그것의 사회-역사적 의미와 한계를 짚어봄으로써, 현재와 같은 소비 사회에서 우리 일상의 삶을 규정하는 언뜻 알 수도 없어 보이는 현실적 요소들의 신화적 힘을 이해 가능한 형태로 파악해서 각자 자신의 삶의 "미래적 기획(Pro-Ject)"을 위해 새롭게 활용할 수 있는 능력의 형성이라는 어떤 실천적 지평의 가능성과 연결하고자 한다.

기호화 과정의 이해를 위한 몇 가지 기초 개념들

오늘날과 같은 소비사회의 시장이 상품을 그리고 상품의 소비를 우리의 일상적 삶의 의식 또는 무의식 속에서 신화적인 기호로 각인(刻印)시키는 과정을 좀 더 분석적으로 고찰하기 위해서는, 우선 현대적인 기호학(semiology, semiotics)의 시작과 더불어 나타난 기호(sign)에 관한 새로운 개념적 이해를 살펴볼 필요가 있다.[1] 과거에 기호의 개념은 통상 우리가 기호를 사용하는 상황의 직접적 경험에 근거해서 그 기능적 측면에 치우쳐 있었다. 즉 기호란 '어떤 것이 다른 어

---

1 소쉬르는 그의 『일반 언어학 강의』에서 다음과 같은 기호학을 생각한다. "언어체계는 생각들을 표현해주는 기호들의 체계이며, 그리고 바로 이 점에 있어서 문자체계나 수화체계, 상징적인 제의(祭儀)들, 예절의 형식들, 군사적인 신호들 등과 비교될 수 있다. 언어체계는 단지 이러한 체계들 가운데 가장 중요한 체계인 것이다. 따라서 사회생활 내에서 기호들의 삶을 연구하는 학문의 존재를 생각해볼 수 있는데, 그것은 일반 심리학의 한 분야가 될 것이며, 우리는 그것을 기호학(la sémiologie; "기호"를 의미하는 그리스어인 semeion으로부터)이라고 명명할 수 있을 것이다. 기호학은 기호들이 무엇으로 구성되어 있으며, 어떠한 법칙들에 의해 지배를 받는지 우리에게 가르쳐줄 것이다. 아직까지는 그것이 존재하지 않기 때문에, 그것이 어떠한 것일지는 말할 수 없다. 그러나 그것은 당연히 존재해야 하며, 그것의 자리는 미리 결정되어져 있는 것이다. 언어학은 단지 이러한 일반적인 학문의 한 부분일 따름이며, 기호학이 발견하게 될 법칙들은 언어학에 적용될 수 있는 것들일 것이며, 이렇게 해서 언어학은 인간과 관계되는 사실들 전체 속에서 명확히 규정된 자신의 영역을 갖게 될 것이다."(F. de Saussure, *Cours de linguistique générale*, éd. critiquée par T. de Mauro, Paris, Payot, 1972, p. 33; 필자 번역) 반면 소쉬르의 이러한 전망과는 다른 전망으로, 퍼스는 프래그머티즘(pragmatism)의 원칙에 입각한 자신의 형이상학 체계 내에서 기호에 관한 철학적 고찰을 토대로 하는 보다 확장된 형식의 논리학 – 일종의 상위 논리학 – 을 설정하는 데 다음과 같이 기호학이라는 술어를 제안한다. "내가 제시해줬다고 믿는 바로서의 논리학은 그 일반적인 의미에 있어서 단지 기호들에 관한 필연에 유사한(quasi-necessary), 혹은 형식적인 이론인 기호학(semiotic)의 또 다른 명칭일 뿐이다. 내가 이 이론을 '필연에 유사한', 혹은 형식적인 이론이라고 묘사한 것은 우리가 기존에 알고 있는 것과 같은 기호들의 특성들을 관찰하고, 또 이러한 관찰로부터 우리는 – 내가 기꺼이 명칭을 붙이자면 – 추상화(Abstraction)라고 부를 수 있는 과정을 통해서 '과학적인' 지적 능력, 즉 경험에 의해 배울 수 있는 지적 능력에 의해 사용되는 모든 기호들의 특성은 어떠한 것이 되어야 하는지에 관한 실질적으로는 틀릴 수 있는, 따라서 어떤 의미에서는 결코 필연적이지 않은, 일련의 진술들로 인도된다는 점을 염두에 두고자 했기 때문이다."(C. S. Peirce, *Collected Papers*, C. Hartshorne, P. Weiss & A. W. Burks (eds.), Harvard Univ. Press, 1931–1958, Vol. 2, p. 227; 필자 번역)

떤 것을 대신하는 것(라틴어; aliquid stat pro aliquo)'으로 이해되고 있었던 것이다. 이러한 이해는 물론 사실에, 기호에 관한 실제 사실에 기반을 둔 것이지만(가령, ∫ ⇒ '적분', ☺ ⇒ '웃는 마음', ☼ ⇒ '태양' 등), 현대 기호학의 선구자라고 할 수 있는 소쉬르(Ferdinand de Saussure, 1857-1913)나 퍼스(Charles Sanders Peirce, 1839-1914)가 보기에는 불충분한 것이었다. 이들에게 있어서, 기호는 무엇보다도 먼저 내용면과 표현면이 서로 분리될 수 없는 관계로, 다시 말해서 상호전제적인 관계로 결합된 일종의 사회적 실체였다. 즉, 기호(sign) = {표현면(혹은 시니피앙signifiant; 즉 signifying) ⇔ 내용면(혹은 시니피에signifié; 즉 signified)}인 것이다. 요컨대, 기호는 다른 어떤 것을 대신하는 것, 지시하는 것, 지칭하는 것 이전에 이미 그 자체로 표현면과 내용면이 서로 불가분의 관계로 결합된 실체이며, 바로 이 같은 결합을 통해서 기호 바깥의 다른 어떤 것을 지칭하거나 지시하게 되는 것이다.

소쉬르나 퍼스의 이러한 생각은 확실히 혁신적인데, 이 점은 우리가 통상 기호를 그것의 표현면으로, 그리고 기호가 지칭하거나 지시하는 것을 기호의 내용면으로 잘못 이해하고 있는 것과 비교해보면 쉽사리 짐작할 수 있다. 여기서 가령 소쉬르의 용어를 빌리자면, 한국어 음성 기호 "양"의 표현면은 그것의 음향영상(acoustic image) /jaŋ/(음성적 실체를 여기서는 국제음성부호로 표기했다.)이며, 내용면은 그것이 우리 마음 혹은 뇌 속에서 개념(concept) /羊/(심리적 실체인 이것을 가시적으로 나타낼 수 없기 때문에 여기서는 편의상 "양"에 대응하는 한자로써 표시했다.)이라고 할 수 있다. 이처럼 한국어에서 일정한 표현면과 내용면의 결합으로서의 기호 "양"은 아래의 예에서 보듯 구체적인 발화에 따라서 여러 가지 대상을 지칭하게 된다.

예 1. "오늘 철수가 양을 잡았다." ⇒ '어떤 양'

2. "양은 포유류에 속한다." ⇒ '양 전체'

3. "양이 병이 들었다." ⇒ '특정한 양'

4. "양은 순한 동물이다." ⇒ '양 일반'

5. "(식당 메뉴를 보며) 닭보다 양이 좋은 것 같은데." ⇒ '양고기, 양요리'

:

등등

그리고 기호는 그것을 구성하는 표현면과 내용면 사이의 관계에 따라서 네 가지 유형으로 구분될 수 있다. 1) 도상(圖像, icon) = 양자가 유사한 관계인 기호들(예: ☺, ☹, 사진, 사실적인 초상화, ☀, ☁, ☂...), 2) 지표(指標, index) = 표현면이 내용면을 가리키는 기호들 (예: ➔, 언어의 지시사들, this, that, ☜, …), 3) 기호 일반 = 표현면과 내용면의 관계가 자의적(恣意的, arbitrary)인 기호들, 4) 상징(象徵, symbol) = 기존의 기호가 표현면을 구성하고 여기에 또 다른 내용면이 결합하는 일종의 이차적인 기호들(예: 문학 텍스트, 평화의 상징으로서 "올리브 가지를 문 비둘기", 사랑의 상징으로서 "장미꽃", 결합의 징표로서 "반지"…).

기호에 대한 이상과 같은 생각을 출발점으로 오늘날 언어뿐만 아니라 다양한 기호체계들 그리고 문학, 연극, 영화, 건축, 정치 담론, 광고, 문화 일반 등 다양한 분야를 대상으로 하는 기호학들이 발전하고 있다면, 여기서 우리의 문제와 결부된 기호 유형은 위의 네 번째 것, 즉 상징적 기호이다. 다시 말해서, 상품 그리고 상품의 소비행위와 관련된 기호화 작용은 기존 기호에 또 다른 차원의 의미가 결합하는 이차적 의미화 과정의 영역인 것이다.

이 점을 주목해서 최초로 대중들에게 소개하는 책을 낸 사람은 롤랑 바르트(Roland Barthes, 1915~1980)라고 볼 수 있다. 그의 저서 『현대의 신화』[2]는 현대

2 롤랑 바르트, 『현대의 신화』, 이화여자대학교 기호학 연구소 옮김, 서울, 동문선, 1997. 원본은 다음과 같다. R. Barthes, *Mythologies*, Paris, Seuil, 1957.

프랑스 사회에서 당연한 것으로 통용되고 소비되는 대중적 이미지들이나 상품들, 문화적 행위들, 정치적 핵심어들 등을 상징적 기호의 특수한 경우로, 즉 그의 말을 빌리자면 "오늘날의 신화"로 규정하면서, 일반적 차원에서 이러한 새로운 신화들의 기호학적 특징들을 설명하고 있다. 이 책에서는 가령, 비프스테이크와 감자튀김이 프랑스 사회에서 마치 한국의 김치처럼 어떻게 자연스럽게 '국민적 정서와 애국심'과 결부되는지를, 대중잡지의 표지를 장식한, 프랑스 국기에 거수경례를 하는 흑인 병사의 사진이 어떻게 제국으로서 프랑스의 당연함을 자연스럽게 환기시켜주는지를 분석적으로 설명하면서, 요컨대 오늘날의 신화란 일정한 역사적 조건에서 출현한 특정한 문화적 사실이 우리의 의식 속에서 그 역사성은 사상되고 일련의 기호화 과정을 통해서 그 자체로 자연스럽고 당연한 것으로 받아들여지게끔 된 것이라는 점을 역설한다. 즉, 오늘날 우리에게 마치 제2의 천성처럼 무반성적으로 자연스럽게 받아들여지는 상징적 의미를 지니는 일련의 문화적 사실들이 현대적 신화라는 것이다.

현대 사회의 새로운 신화들에 대한 롤랑 바르트의 이러한 기호학적 접근은 확실히 문화적 현상들에 대한 그 자신만의 통찰력과 재치있는 분석력도 갖추고 있다. 그러나 우리의 문제와 관련해 볼 때, 그의 접근 방식은 불충분하다고 볼 수밖에 없는데, 그것은 그의 분석이 개별 사례들에 대해서 그것들 각각이 갖고 있는 문화적 함의 내지 내포(內包, connotation)에 대한 예리한 설명 이상의 것이 되지 못하기 때문이다.

여기서 우리는 우선 기호학에서는 논리학과 다른 방식으로 정의되는 이 "내포"라는 용어의 뜻을 이해해야 할 것이다. 논리학에서는 통상 주어진 기호의 외연(外延, extension, denotation)이란 그것이 가리키는 지시 대상들의 집합을, 그리고 그 기호의 내포(intension, connotation)란 지시 대상들 사이의 공통적 속성에 대한 개념적 추상화를 의미한다. 따라서 주어진 기호의 외연이 증가하면 그 내포는 감소하고, 외연이 감소하면 그 내포는 증가한다. 그리고 가령, "금성",

"초저녁별", "새벽별"의 경우는 모두 외연이 같다면, 내포는 다르다고 할 수 있다. 이와 달리 기호학에서는 덴마크의 언어학자 옐름슬레우(Louis Helmslev, 1899~1965)에 따르면 내포란 우리의 기호 사용 행위나 텍스트화에 있어서 어떤 특정한 기호를 선택한다는 사실 자체가 표현면이 되면서 이 표현면과 결부되는 내용면을 뜻한다.[3] 다시 말해면, 상징적 기호를 구성하는 내용면을 내포라고 할 수 있다. 가령, 과학자가 자신의 텍스트에서 "금성"이라는 단어를 선택하는 사실, 시인이 자신의 시에서 "초저녁별"이라는 단어를 선택하는 사실, 그리고 정치 선동가가 자신의 논설에서 "새벽별"이라는 단어를 선택하는 사실은 이 표현들 간의 내포적 차이에 기인하는 것이라고 볼 수 있다.

"내포"라는 용어에 대한 이러한 개념적 명확화와 더불어 다시 바르트의 작업이 갖는 한계에 관한 논의로 돌아가 보자. 분명, 특정한 문화적 사실이 갖는 기호적 내포란 한 사회 안에 고착화된 사회적 통념(通念, doxa)과도 같은 것이다. 그렇지만 이러한 것들을 단편적으로 설명한다고 해서, 이러한 것들이 갖는 기호학적으로 일반적인 특성을 밝힌다고 해서, 문제가 근본적으로 해결되는 것은 아니다. 즉, 과연 무엇이 우리의 일상의식 속에 새로운 신화들을 자연스러운 것으로 각인시키는가 하는 질문은 풀리지 않고 남아 있는 것이다. 그리고 이 질문을 우리의 주제와 연관시켜 한층 더 좁혀 본다면, 과연 무엇이 현대의 소비 사회에서 상품과 상품 소비를 신화화시키는가라는 질문은 롤랑 바르트 식의 현상 자체에 대한 기호학적 관찰에도 불구하고 여전히 답해야 할 근본적인 과제로 남아 있는 것이다.

3 L. Helmslev, *Prol gomènes á une théorie du langage* (어떤 언어 이론을 위한 서론), tr. par Una Canger, Paris, Minuit, 1971, p. 129 이하.

시장의 신화화 메커니즘

상품의 기호적 양상

먼저 시장에서 상품이란 무엇인가라는 가장 본원적인 질문부터 시작해보자. 상품이란 당연히 사용가치뿐만 아니라 교환가치를 지닌 물건으로서, 그것의 가치란, 즉 사용가치와 교환가치의 종합으로서 사회적으로 객관화될 수 있는 형태의 측정값이란 상품의 생산-교환-소비를 규정하는 제반 사회적 관계들의 반영이라고 볼 수 있다. 이 단계에서 이미 상품은 우리가 만들어서 사용하는 단순한 물건의 양태를 뛰어넘어 이중적 측면에서 기호적 속성을 갖는다고 볼 수 있다. 하나는 사용가치와 결부된 기호적 양상인데, 이것은 어떤 상품이 그 사용자에게 단순한 기능적, 욕구충족적 만족뿐만 아니라 어떤 내포적 의미도 안겨줄 수 있다는 점이다. 어느 시대의 상품이든 사용자에게는 그것이 갖는 단순한 사용가치 이외에도 가령 '누가 만든 옷', '어떤 스타일의 가구', '내가 즐겨 마시는 차', '정성을 보여주는 데 적합한 선물' … 등과 같은 내포적 의미도 결부될 수 있는 것이다. 그리고 다른 하나는 교환가치와 관련된 기호적 양상인데, 요컨대 상품은 교환을 전제로 한다는 사실이다. 여기서 우리는 소통(疏通, communication)에 해당하는 라틴어 단어 communicatio가 communis '공통의, 공동의(즉, common)'라는 뜻의 형용사로부터 나온 동사 communicare '함께 나누다, 함께 알다, 통보하다, 서로 교환하다(즉, share, inform, exchange, communicate)'의 파생명사라는 사실을 주목할 필요가 있다. 다시 말해서 교환이란 어떤 공통적인 것에 기반을 둔 소통인 것이다. 기호가 소통을 전제로 한다면, 교환을 전제로 하는 상품 또한 결국 소통을 전제로 하는 것이다.

이처럼 일반적으로 상품이 이중적 측면에서 기호적 양상을 갖고 있다면, 그것의 구체적 실현 유형은 사회의 역사적 형태에 따라 다르게 나타난다. 당연히, 시장에서 상품의 가치 결정 방식이 고대 사회, 유럽의 봉건 사회, 과거 아시아의 강력한 전제군주제 사회, 자본주의 사회 등에서 달라지는 것처럼 그것이 갖는 기호적 양상의 구체적인 내용 또한 달라지게 마련이다. 이에 대한 일반적 해명이 기호학과 정치경제학 내지 경제학이 결합된 분야의 과제라면, 여기서는 그보다 훨씬 좁은 범위에 국한돼서 상품이 자본주의 사회 안에서 갖는 기호적 양상의 구체적 특징에 관한 해명만이 우리의 문제이다.

이와 관련해서 먼저 참조할 수 있는 것은 물질적 생산과 소비의 양상을 소비사회와 그 이전 단계로 구분하면서 소비사회가 갖는 현대성(modernité)의 특징을 비관적인 전망에서 설명하고 있는 보드리야르(Jean Baudrillard)의 시도일 것이다. 자신의 첫 저작인 『사물의 체계』에서 그는 이러한 구분에 따라서 물건을 생산하는 기술과 그리고 생산된 물건들의 분류 방식이 어떤 차이를 보이는지, 그리고 또한 이와 대응해서 우리가 물건들을 통해서 행하는 단순한 욕구충족과 소비가 어떤 결정적 차이를 보이는지 흥미롭게 이야기하고 있다.[4] 그에 따르면, 과거에 기술은 추상적이었다면 오늘날의 기술은 훨씬 더 구체적이다. 왜냐하면 과거에는 기술을 구성하는 각 부분들이 갖는 독자적이고 개별적인 기능적 측면만이 문제였다면(가령, 내연기관에서 점화 기술과 냉각 기술처럼) 오늘날에는 각 부분들이 상호작용하는 통합적인 기술의 운용과 창안이(가령, 내연기관에서 냉각 기능이 효율적으로 결합된 점화 기능의 창안처럼, 즉 냉각기가 통합된 점화기처럼) 핵심적이기 때문이다. 또한 오늘날 소비사회는 물건들 혹은 상품들이 그것들의 기능으로부터 자유로워진 만큼 한낱 그 사용자로서의 인간 역시도 자유스러워진 듯한 환상을 특징으로 한다. 그렇다면 이러한 상황은 어떤 기호적 과정에 의해서, 시장의 어떤 신화화 메커니즘에 의해서 만들어진 것일까? 이에 대한 해명을 위해서는 우선 상품의 내포적 의미화에 대한 일반적 고찰로부터 시작해볼 필요가 있다.

4 장 보드리야르, 『사물의 체계』, 배영달 옮김, 백의, 1999. 원본은 J. Baudrillard, *Le système des objets*, Paris, Gallimard, 1968.

상품의 내포적 의미화

과거 서구의 부르주아 시민 사회에서 상품에 의한 욕구충족 형태는 비교적 단순했다. 요컨대 상품이 갖는 기능적 속성과 더불어 거기에 덧씌워진 계급적, 계층적 취향이나 규범적 스타일만이 중요했을 따름이다. 가령, 가구나 의복, 음식, 마차나 자동차, 주택 등의 선택과 사용에 있어서 중요했던 것은 그것들이 갖는 기능적 측면에 대한 고려와 더불어 계층적 차별화의 양상들이었다. 동일한 기능을 갖는 상품들을 세분화시키는 계층적, 규범적 차별화란 각각의 상품과 결부된 일종의 상징적 권위에 있어서의 차별적 등급화라고 볼 수 있었다. 그러한 시기에 있어서 상품의 생산-교환-소비란 규범적 추상화에 따라 설정된 일반적 모형의 질서 속에서 이루어지기 마련이었다. 가령, 같은 기능을 갖는 식탁이라 하더라도, 하층계급의 것과 중소 부르주아 취향의 것, 귀족적 취향의 것은 재료를 구하기 위한 노력에서부터 가공 과정의 노력에 이르기까지 양적으로 객관화된 차이를, 요컨대 만드는 데 투입된 노동량의 차이와 연관된 상품 가치의 등급화를 반영했던 것이다. 이것이 고전적 자본주의에서 상품을 규정하는 일반적 모습이었는데, 따라서 이 시기에도 이미 상징적 기호로서 상품의 내포적 의미화가 이루어지고 있었으며, 그러한 의미화는 상품의 가치를 객관적으로 규정하는 메커니즘과 대응관계를 이루고 있었다. 사회적 차원에서 보다 높은 상징적 권위를 갖는 상품은 보다 가치가 큰, 즉 만드는 데 보다 많은 노동량을 필요로 하는 것이었다. 그렇기에 같은 기능의 상품들 가운데 어떤 것을 구매하는가라는 문제는 많은 부분 해당 상품과 결부된 내포적 의미에 영향을 받았다고 볼 수 있다. 가령, 몰락한 귀족, 몰락한 부르주아라 할지라도 체면이나 위신을 위해서는 상품의 구매나 사용에서 - 만일 극기주의로 무장하는 방법을 알지 못한다면 - 예전과 다름없는 모습을 보여야 했던 것이다. 반대로 노동자나 농민이 고급의 취향을 것을 향유한다면 당연히 의심쩍은 눈초리나 경멸은 받을 수밖에 없었다.

만일 어떠한 변화도 없이 이 정도의 상태로만 자본주의와 시장의 기본질서가 이루어지고 있었다면, 아마도 그 속에서 상품 생산의 방식은 그다지 비약적인 발전을 이루지 못했을지도 모른다. 그러나 인간에게는 본원적으로 욕망(慾望, desire)이라는 것이 있다. 그리고 이 욕망은 단순히 필요한 것의 충족을 원하는 것(want)과는 차원이 다른 것이다. 여기서 헤겔(Georg Wilhelm Friedrich Hegel, 1770~1831) 식으로 말한다면,[5] 인간의 욕망이란 다른 사람의 욕망을 욕망하는 것이라고 정의할 수 있을 것이다. 이 정의를 잘 들여다보면, 인간의 욕망은 다수성(多數性, multiplicity)을, 즉 나의 욕망뿐만 아니라 다른 사람들의 욕망들의 존재를 전제로 하고 있음을 알 수 있다. 그렇다면 우리가 어떤 상품에 대해서 욕망을 갖는다는 것은 실제로 무엇을 의미하는 것일까? 만일 욕구충족을 위한 단 하나의 상품밖에 없는 상황이라면 다른 사람을 제치고 그것을 차지하려는 마음이 될 것이다. 만일 그렇지 않고 여러 종류의 상품들 사이에서 선택가능성이 있는 상황이라면, 그중에서 가장 마음에 드는 것을 원하는 것이 될 것이다. 그리고 자본들 사이의 경쟁을 전제로 하는 자본주의 시장은 대개 후자의 상황을 연출할 수밖에 없을 것이다. 그런데 동일한 기능을 갖는 상품들 중에서 가장 마음에 든다는 것은 어떤 상품을 말하는 것일까? 일반적으로, 그것은 나나 다른 사람에게도 최상의 통념적 평가를 수반하는 것, 가장 좋은 내포적 의미를 동반하는 것이 될 것이다. 따라서 상품들 간에 선택가능성이 있는 한, 상품의 상징적 의미화는 필연적으로 발생하기 마련이다. 다시 말해서, 정상적인 자본주의 시장에서는 상품의 교환만 이루어지는 것이 아니라 인간의 욕망과 결부된 상품의 신화화도 발생하는 것이다.

고전적인 자본주의 시대에 비록 한편으로는 상품의 내포적 의미화 메커니즘

5 헤겔의 『정신 현상학』에서 '자기의식'과 '욕망'에 관한 부분을 볼 것. 거기서 헤겔은 인간의 욕망을 자신이 생각하는 세계사의 전개의 출발점인 '주인과 노예의 변증법'에서 타자의 인정(認定, recognition)을 획득하기 위한 투쟁의 동력을 설명하는 데 활용하고 있다. 한편 인간의 욕망에 대한 비슷한 생각은 라캉(Jaques Lacan, 1901-1981)의 정신분석학에서도 발견된다.

이 경제적 가치법칙 및 이에 대응하는 사회-문화적인 규범적 질서에 의해서 강한 통제를 받았지만, 다른 한편으로는 이미 인간의 욕망을 반영하는 상품의 신화화 과정이 전면적으로 발생한 이상 이 과정은 자본주의의 발전과 더불어 필연적으로 더욱더 강화되는 방향으로 나아가게 된다. 왜냐하면 자본주의의 발전의 가장 큰 동력은 상품에 대한 대중의 욕망들을 활성화시킴과 동시에 그것들을 상품 소비의 틀 안에 가둬놓는 데서 찾을 수 있으니까 말이다. 마치 강력한 내연기관일수록 보다 더 큰 폭발력을 실린더 안에 가둬놓는 것처럼 말이다. 물론 이것을 위해서는 자본주의 스스로 자신의 고전적 틀 안에 설정되어 있는 상품의 내포적 의미화의 규범적 위계질서를 깨버리는 것이 필요했다. 자본주의 발전의 다음 도약단계에서는 이제 상품에 대한 대중적 욕망을 가급적 미리 정해진 어떤 추상화된 틀로 억누르지 않는 것이 중요해진 것이다. 그렇다면 상품에 대한 욕망을 해방시켜 가면서 그와 동시에 상품을 통해서 그것을 사로잡아 가는 과정은 과연 어떻게 가능할 수 있는 것일까?

차이들의 체계로서 상품

이 질문을 해결하기 위해서는 먼저 기호가 그것이 속한 기호체계 내에서 의미화되는 일반적 메커니즘을 이해할 필요가 있다. 여기서 말하는 의미화(signification)란 기본적으로는 앞에서 말한 기호의 표현면(= 시니피앙, signifying)과 내용면(= 시니피에, signified)이 서로 결합하는 것을 말하는데, 이 과정에서 일차적으로 중요한 것은 주어진 기호가 다른 어떤 것을 지시하거나 지칭하는 것이 아니라 다른 기호들과 표현면의 질서와 내용면의 질서에 있어서의 차별화이다. 다시 말해서, 가령 앞에서 든 기호의 예 "양"의 경우 의미화에서 일차적으로 중요한 것은 대상으로서 어떤 '양'을 지시하는 데 있는 것이 아니라 그것이 한국어의 체계 내에서 ["양" ≠ "닭" ≠ "오리" ≠ "소" ≠ "돼지" ≠ …] ⇔ [{표현면: /jaŋ/ ≠ /tak/ ≠ /ori/ ≠ /so/ ≠ /twɛdzi/ ≠ …} ⇔ {내용면: /羊/ ≠ /鷄

/ ≠ /鴨/ ≠ /牛/ ≠ /豚/ ≠ …}]이라는 사실에 기반한다는 점이다. 바로 이러한 사실을 토대로 한국어 단어 "양"은 개념 /羊/과 연관되는 여러 가지 대상들을 가리킬 수 있게 되는 것이다(참고로, 영어에서는 '양'과 관련된 개념이 "sheep"과 "mutton"이라는 두 개의 단어로 차별된다는 사실을 생각해 보라). 이러한 고찰로부터 우리가 알 수 있는 것은 요컨대, 앞에서 소개한 소쉬르의 말대로 '언어체계란 차이들의 체계'이며 마찬가지로 기호들의 체계란 차이들의 체계인 것이다.

그렇다면, 이런 기호학적 일반 원리는 상품의 기호적 양상에도 동일하게 적용될 수 있을 것이다. 상품의 내포적 의미화에 있어서도 일차적으로 중요한 것은 상품의 기능이 아니라 동일한 기능을 갖는 일련의 상품들 간의 차별화인 것이다. 그런데 바로 위에서 고찰한 언어 기호들과는 달리 상품-기호는 이차적인 상징기호이기 때문에 그리고 이러한 상징화 과정에는 앞에서 얘기한 욕망의 문제가 개입하기 때문에, 동일한 기능을 갖는 일련의 상품들은 어떤 이상적인 상품 모델을 전제로 서로 차별화하게 된다. 물론, 이 이상적인 상품 모델은 대개 이전 시기나 혹은 현재의 "특별한(!)" 계층이 사용하던 혹은 사용하는 상품들에 근거해서 설정되게 마련이다. 가령, 시장에서 판매되는 일련의 가공 식품들이나 의상들, 가구들, 가전제품들, 자동차들이 그 좋은 예라고 할 수 있다. 모두 어떤 이상적인 모형들을 전제로 계열화와 차별화 양상을 보이고 있는 것이다.

그렇다면 기술 혁신에 의해서 이전에는 없었던 새로운 기능의 상품이 출현하는 경우에는 어떨까? 이 경우에도 곧 다양한 유사한 상품들이 출현하기 때문에 마찬가지의 사정이 된다고 할 수 있다. 이처럼 상품이 일종의 이중적 구조화를, 즉 이상적 모형으로서의 상품과, 그리고 이로부터 주변적 차이들을 보이는 다양한 계열들로서의 상품들로 구조화되는 것을 보드리야르는 현대 자본주의 소비사회의 특징으로 갈파하고 있다.[6] 여기서 이상적 모형으로서의 상품은 소비사회

6 앞서 인용한 『사물의 체계』, 제4부 1장, "모형들과 계열들" 부분을 참조할 것.

에서 일종의 신화적 기호로서의 역할을 한다면, 그로부터 나오는 상품 계열들은 그 신화적 기호의 다양한 변이체들로서 언어체계와 마찬가지로 상품 세계 안에서 차이들의 체계를 만들어낸다고 볼 수 있다. 그리고 이것은 다분히 형식적인 체계이다. 다시 말해서, 같은 계열의 상품 $X = \{X_1, X_2, X_3, \cdots X_n\}$에서 X_i와 X_j $(1 \leq i, j \leq n)$ 사이의 차이란 부수적 기능, 디자인, 부품의 종류, 생산지, 가격… 등등 여러 가지 실질적 변수들에서의 가능한 차이를 반영하지만, 그보다 더 본질적인 것은 아직 그 구체적인 내포적 의미가 아직 정해지지 않은 순수한 차이 그 자체라는 사실이다. 이러한 순수한 차이에 구체적인 의미화가 덧씌워지는 것은 개별적인 소비자들의 선택 행위를 통해서인 것이다.

그러면 어떤 의미화가, 혹은 의미적 환상이 발생하는지 소비자의 측면에서 살펴보자. 먼저, 이처럼 차이들의 체계로 제시되는 일련의 상품들 앞에서 소비자는 자신의 선택 가능성에 있어서, 자신의 욕망의 실현 가능성에 있어서 일종의 잠재적 자유가 존재한다는 환상을 갖게 된다. 하나의 상품 X를 대상으로 하는 욕망에서 소비자는 일련의 $X_1, X_2, X_3, \cdots X_n$ 사이에서 선택할 수 있는 자유를 갖는 것처럼 느끼는 것이다. 물론 이러한 잠재적 자유로부터 소비자는 경제적 제약 때문에든지 혹은 취향 때문에든지 아니면 우발적 충동이나 판매원의 권유 때문에든지 X_i가 아니라 X_j를 선택하게 된다. 어쨌든 선택이 이루어진 순간, 소비자와 X_j 사이에는 부정적이든 긍정적이든 또 다른 내포적 의미화가 형성된다. 가령 긍정적인 경우, '비싸도 가장 좋은 것을 샀다.', '가격 대비 합리적인 구매를 했다.', '남들이 쓰는 것을 나도 이제 쓰게 됐다.' … 등등과 같은 다양한 양상의 자기합리화나 자기위안의 만족감이 있을 수 있을 것이다. 아니면 부정적인 경우에는, 단순히 '잘못 샀네.'라는 낭패감부터 '이것을 부숴버려야지.'라는 분노에 이르기까지 다양한 양상의 실망감들도 있을 수 있을 것이다. 어쨌든 선택과 더불어 소비자는 자신의 욕망을, 자신의 자유를 실제로 행했다는 생생한 실감을 느낄 것이며, 이와 더불어 다음 번 소비에서는 더 좋은 선택을 할 수 있을 것이라는 희망과 낙관적 가능성의 전망을 갖게 된다. 따라서 '현재 이것밖에 살 수 없는 나의 경제적 처지'는 대다수 사람들에게 좌절과 실망을 주는 것이 아니라 오히려 낙관이 섞인 주관적인 희망의 출발점 구실을 할 수 있게 되는 것이다.

확실히 현대 소비사회의 바로 이와 같은 내포적 의미화 과정은 상품의 구매 및 기호화와 관련된 그 이전 시기의 규범적, 계층적 질서와는 확연히 대비되며, 또한 훨씬 더 강력하고 긍정적인 힘을 대중적 차원에서 구현하는 것처럼 보인다. 이것이 가능해진 것은 물론 상품 생산을 다양한 계열화를 통한 차별화와 과정으로 형식화시킬 수 있을 만큼 기술적 진보와 생산력의 발달이 이루어졌기 때문이겠지만, 또한 그 반대급부로 상품에 대한 인간의 욕망이 단순한 물질적 욕구의 충족을 넘어서는 기호적 의미화의 차원이 있기에 그리고 그 차원이 시장에서 인간을 이끄는 힘이 실로 강력하기에 그러한 기술적 진보와 생산력의 발달이 촉진될 수 있었을 것이다. 어쨌든 이러한 맞물림을 통해서, 오늘날 이제 대중의 소비는 전지구적으로 역사상 유례없이 다양하고 다채롭고, 개성적이며, 유동적인 활력으로 넘쳐나는 모습을 보이는 시대에 이르렀다.

이러한 전례 없는 시대적 상황에 대해서 급기야 보드리야르는 우리의 소비 행위의 본질적 측면이 이미 물질적 배경보다는 기호적 배경으로 옮겨갔다고 역설한다. 그의 주장에 따르면, '이제 소비란 물질적 활동도 풍요의 현상학도 아니며, 우리가 사는 각종 상품들이나 받아들이는 상품 메시지와 이미지들로써 정의되는 것도 아니다. 오히려 그보다는 이러한 모든 것들을 일종의 의미화의 체계로 조직화하는 것으로 정의된다.' 즉, "소비란 어느 정도 일관된 담론(discourse)을 구성할 수 있도록 준비된 모든 상품들과 메시지들의 잠재적 총체성이다. 소비는 여하튼 어떤 의미를 갖고 있는 한 바로 기호들을 체계적으로 조작하는 행위인 것이다."[7]

7 같은 책, "결론" 부분으로부터 (필자 역).

이처럼 소비가 상품의 물질적, 기능적 측면보다 기호적 측면에 근거하게 됨에 따라, 거기에는 한계가 없게 된다. 물질적 욕구의 충족에는 당연히 한계가 있지만, 기호로서 상품의 소비에는 끝없는 의미화 과정만이 - 동일한 것의 끝없는 반복이든 혹은 새로운 것으로의 끝없는 이행으로든 간에 - 있을 뿐이다. 그러나 상품 소비를 매개로 한 우리 욕망의 이러한 의미화 과정은 결코 실재와 완전히 동일한 것이 될 수는 없다. 그렇지만 우리의 그러한 욕망이 객관적 현실에 도달할 수 없다는 것을 알기에 소비자는 더욱더 상품들의 기호적 세계에 자기 삶의 실존적 의미를 맡기려 한다.

욕망의 절대적 충족이 따라서 절대적 해소가 내가 극히 일부분만 알고 있는 이 냉엄한 객관적 현실 속에서는 불가능한 이상, 엄청나게 많은 다양한 계열의 상품들 앞에서 주어지는 잠재적 자유의 구체적 실현이 갖는 생생함이야말로 그 무수한 반복과 새로움의 가능성과 더불어 오히려 객관적이고 무차별적인 그래서 나에게는 무의미하기까지 한 실제 현실의 상보다도 더 현실적인 것으로 비쳐지게 되는 것이다.

시뮬라시옹(simulation)으로서 소비의 세계

시장에서의 상품이 그리고 그것의 소비가 위와 같은 의미화로 다가올 때, 우리 삶의 커다란 부분을 차지하는 우리의 소비행위는 이제 그것을 규정하는 실재적 내용과는 상관없는 일종의 시뮬라크르(simulacre, 실재에 대응한다고 여겨지는 어떤 모형적 형상이지만, 대응하는 실재가 없이도 독자적으로 존재할 수 있으며, 또 실재 자체에 영향을 미치거나 그보다 더 우위를 점하는 현실성을 가질 수도 있다. 가령, 어떤 실제 사건 e에 대해서 그것의 화면기록 E, 이 E에 대한 또 다른 재현들, 여러 가지 다양한 가상현실들… 등)로 역전되어버린다. 이러한 시뮬라크르에서는 그리고 그것을 만들어내는 과정이자 결과인 시뮬라시옹에서는 이제 더 이상 '거짓'과 '참', '실재하는 것'과 '상상하는 것' 사이의 구분이 무의미해진다.[8] 가령 자동차를 예로 들자면, 일련의 실제적인 기능들의 복합체로서 자동차를 사는 것과 사회적으로든 개인적으로든 일정하게 의미화된 기호로서 자동차를 사는 것 사이에서 어떤 합리적 구분을 한다는 것은, 또는 전자에 더 결정적인 비중을 둔다는 것은 객관적으로 타당한 근거가 없는 부질없는 일이 되는 것이다.

이처럼 소비에서 사물의 실제적인 물질적 흐름보다도 시뮬라시옹이 우위를 점하게 되면 우리 각자가 태어나서부터 죽을 때까지 경험하게 되는 소비의 세계는 자족적인, 마치 상품들끼리 서로 소통하는 것 같은 자기-지시적인(self-referential) 기호체의 세계가 되고 만다. 다시 말해서, 소비 A의 의미는 소비 B에, 소비 B의 의미는 소비 C에, 소비 C의 의미는 소비 D에 있는 것과 같이 일련의 소비행위들이나 혹은 소비 패턴들이 연쇄적으로 하나가 다른 하나를 의미화시키는 독자적인 세계가 성립하게 되는 것이다. 가령 스마트폰과 관련된 어떤 주변기기의 일차적 의미는 스마트폰이나 다른 주변기기에 있으며, 스마트폰의 의미는 상품으로서 통신이나 정보에 있으며, 후자의 의미는 상품으로서 일정한 접속 환경 혹은 능력에 있으며, 이 후자의 의미는 현대 사회의 필수적인 상품 중의 하나라는 데 있다… 이와 같은 상품들 간의 연쇄적인 의미망은 마치 어휘사전 속에서 일련의 단어들 간의 순환적인 설명 망과도 유사하다. 가령 어떤 영어 사전을 보면, “reprove” = ‘rebuke, chide’; “rebuke” = ‘reprove, reprimand, censure authoritatively’; “reprimand” = ‘officially rebuke’; “censure” = ‘blame, criticise unfavourably, reprove’; “criticise” = ‘discuss critically, censure’ … 등으로 이어지는 설명이 나오는데, 이런 식으로 자족적인 의미망이 상품 세계에도 성립할 수 있는 것이다. 이렇게 될 경우, 이제 소비의 세계에서 우리들의 상품 선택 행위들

8 장 보드리야르, 『시뮬라시옹』, 하태환 옮김, 민음사, 1992, 9-18쪽 참조. 원본은 *Jean Baudrillard*, Simulacres et simulation, Paris, Galilée, 1981, pp. 9-17.

은 실제 세계에서의 실감과는 별개의 것으로, 일정한 실제 세계에 대한 일정한 기호적 모형화에 따라 이루어지는 시뮬라크르의 성격을 띠게 되는 것이다.

그리고 우리의 소비행위가 이처럼 시뮬라시옹으로서의 세계에 갇히게 되면, 우리의 활력은, 우리의 힘과 정신력은, 상당히 커다란 부분이 그 시뮬라시옹의 체계를 끝없이 가동시키고 팽창시키는 데 흡수되어버린다. 이것은 마치 워쇼스키 형제(Larry and Andy Wachowsky)의 SF 영화 〈매트릭스(*The Matrix*)〉 시리즈에서 그려지는 상황, 즉 기계들이 가상현실을 통해서 인간의 에너지를 흡수하는 상황과 유사하다고 볼 수 있다. 요컨대 현대 자본주의 시장에서는 우리 자신이 만들어낸 소비의 신화가 시뮬라시옹의 강력한 기호학적 메커니즘을 구축하면서 오히려 우리의 욕망, 우리의 의식, 우리의 실천들을 빨아들이는 현실보다 더 생생한 상위현실(hyperreal)이 되고 있는 것이다.

이처럼 인간은 자신의 사회적 실천을 통해서 만들어낸 구성물에 스스로 빠져들고, 종속되어버리는 경우가 종종 있는데, 이렇게 되는 까닭은 인간 스스로가 어떤 이유로 인해 – 계량화된 실천적 효율성이나 타성적 안정화의 추구 등과 같은 – 현실에 대해서 자신의 구성 행위가 갖는 능동적 권리와 그 존엄성을 포기해버리기 때문이다. 이로부터의 출구는, 일단 사로잡히면 시뮬라시옹으로서 소비의 세계로부터의 출구는 과연 없는 것일까? 이에 대해서 보드리야르는 비관적이고 회의적이다. 그러나 그것은 이 세계의 거의 모든 곳에서 시뮬라시옹을 보며 비판적 관조의 무기력함에 빠져 있는 그 자신의 입장일 뿐이다.

결론: 소비의 탈신화화를 위하여

오늘날 소비 사회의 인간이 과연 소비의 신화로부터 벗어나는 일이 가능할까? 사실 우리의 일상적 삶은 너무도 소비 생활과 밀접히 연결되어 있기에 이런 가능성을 꿈꾸는 일조차가 다분히 몽상가적인 것으로 비춰질지도 모른다. 그렇지만 소비의 신화를 끊임없이 강력하게 확장시켜나가는 현재의 사회-경제 체계는 급기야 생태적 불균형과 위기를 야기하고 있으며, 이로 인해서 장차 지구에서는 안정적인 형태의 삶이 과연 존속될 수 있을지 우려되는 상황에까지 이르렀다. 따라서 지구에서 인간을 포함한 자연 전체의 생태적 환경의 보전과 생명운동의 온전한 순환이 미래에도 가능하기 위해서는 현재와 같은 소비의 신화로부터 벗어날 수 있는 가능성을 모색하는 일이 필연적이다. 더구나 인간에게는 미래로부터 오는 어떤 가능성이 없다면 현재적 삶의 진정한 의미도 없는 것이기에 말이다. 그리고 그 가능성의 모색은 다음과 같은 세 가지 차원에서, 즉 개인적 차원, 집단적 차원, 그리고 제도적 차원에서 생각해 볼 수 있을 것이다.

먼저 개인적 차원의 경우, 비록 현재와 같은 소비 생활을 완전히 포기할 수는 없다고 할지라도, 중요한 것은 이상적인 상품 모형들과 이로부터 파생되는 무수히 많은 상품 계열들로 이루어진 의미화의 연쇄체들 속에서 자신이 거부하면서 만들어낼 수 있는 파열점들을 찾아내는 시도이다. 대개 이러한 파열점들은 우리가 시장에서 무의식적으로든 의식적으로든 따라가는 상품들의 기호적 흐름을 개인적 주체의 형성 차원에서 차단할 수 있게 만든다. 그리고 이러한 절단이 자신의 의지로써, 자신의 내밀한 욕망으로써, 또는 합리적 판단으로써 이루어진다는 것을 확인하게 되면, 우리 각자는 시장이 규정할 수 없는 독특함(singularity, uniqueness)도 지닌 주체라는 실존적 자각이 점차 생활세계 속으로도 들어오게 된다. 이런 개인적인 시도는, 달리 말하면, 소비행위에 있어서 남들이 하니까 나도 따라한다는 식의 계열적 흐름을 벗어나서 자신의 개성을 확보하려는 노력인 것이다.

개인은 이처럼 더욱더 자신만의 독특함을 확보하려 노력해야 하지만 또한 다른 한편으로는 더욱더 다른 사람들과 공통적 연대를 맺어야 한다. 이것은 집단적 차원의 문제인데, 물론 여기서는 개인이 무기력하게 되는 집단적 구성을, 계열화(serialization)를 의미하는 것은 결코 아니다. 어떤 물질적 목적이나 규정을 매개로 일련의 개인들이 각자 서로 아무런 필연성이 없이 집단화될 때(가령, 같은 기차를 기다리는 승객들, 어떤 상품 앞에 모인 소비자들, 특정 대학의 수험생들… 등등), 이러한 집단은 그 속에서 개개인들이 무기력한 만큼 전체 또한 무기력하다. 우리가 여기서 염두에 두고 있는 것은 이러한 집단화가 아니라, 개인들 스스로가 각자의 고유한 개성을 확보함에 따라서 서로 소통의 욕구가 높아질 때 그래서 마침내 공통의 관심사가 형성되고 이에 대한 집단적인 표현적 욕구가 형성될 때 만들어지는 바로 그러한 집단화이다. 가령, 생태적 욕구에 기반한 소비자 운동, 기업이나 정부, 지자체 등의 부당한 조치에 대항하는 집단적 운동과 같은 것이 그 좋은 예들일 것이다. 그런데 문제가 집단적 차원의 것이 되면 개인의 관심이나 개성적 활력들을 갈취(喝取) · 왜곡(歪曲)하는 반대-집단적(counter-collective) 운동들도 나타난다는 것이다. 가령, 특정 상품의 마니아 운동, 잘못된 기득권이나 이익의 집단적 요구들… 등.

개인이나 집단들의 잘못된 요구나 갈등행위를 공정하고 합리적으로 대처하기 위해서 만일 사회에 제도적인 차원이 필요하다면, 오늘날 소비 사회에서의 문제는 간단한 사실관계나 인과관계에 기초한 표준적 모형만으로는 제대로 판단하거나 해결할 수 없는 현상들이 너무 많다는 것이다. 가령, 유전자 변형 식품의 경우 전문가들조차도 그 유해성 여부를 입증할 수 없는 것처럼 보이며, 온라인 게임, 과도한 광고, 사교육 대 공교육의 효율성 등과 같은 아주 다양한 문제들의 경우 역시 비록 그 직접적인 심각성에 있어서는 정도의 차이가 있더라도 마찬가지라고 할 수 있다. 그런데 실증적으로 이렇듯 애매모호한 사실들 앞에서 대리민주주의에 근거한 입법적, 행정적 권한들은 이익집단의 로비에 의해서든 또는 경제 성장이나 고용 창출 등의 명분 때문에든 기업과 자본에 유리한 쪽으로 기울어지는 경향을 보일 수밖에 없다. 그것도 통상 특정한 전문가 집단의 견해나 기술-관료적 전망을 방패막이로 삼아서. 그러나 이렇게 하라고, 그래서 우리가 미처 깨닫지도 못하는 사이에 사정이 더욱더 악화되라고 애당초 사회가 개인과 집단을 뛰어넘는 제도적 차원을 설정한 것은 결코 아니다. 오늘날의 위기적 관점에서 본다면, 인간을 포함해서 자연 전체에게 생태적으로 바람직한 것을 더욱더 장려하라고, 또 가능하면 되도록 그런 방식으로 물건들이 만들어지고 시장에서 자유롭고 공정하게 교환되도록 보장하기 위해서, 소규모 공동체로부터 국가 및 전지구적 차원에 이르기까지 어떤 제도적 필요성들이 인정되는 것이 아닐까? 이렇게 놓고 볼 때, 앞으로 인류와 지구의 바람직한 미래는 자유로운 경쟁과 이익 추구의 장소로서 시장이 아니라 자유로운 소통과 접속, 협업을 위한 장소로서 시장이라는 새로운 제도적 틀의 구축을 위한 생태-윤리-정치적 전망의 수립과 실천적 구현에 달려 있을 것이다.

더 읽을거리

롤랑 바르트, 『현대의 신화』, 이화여자대학교 기호학 연구소 역, 동문선, 1997.
롤랑 바르트, 『기호의 제국』, 김주환, 한응경 역, 산책자, 2008.
장 보드리야르, 『사물의 체계』, 배영달 역, 백의, 1999.
장 보드리야르, 『시뮬라시옹』, 하태환 역, 민음사, 1992.
페르디낭 드 소쉬르, 『일반 언어학 강의』, 최승언 역, 민음사, 2006.

| 열 번째 강의 |

비정규직 하녀의 노동과 섹슈얼리티

-정문영(계명대학교 영어영문학과)

천민자본주의의 타자로서의 천민/누가 천민?

서구사회와 한국사회의 근대화 과정은 많은 타자들을 파생시켰다. 사실 이러한 타자들의 탄생은 근대화 과정을 겪고 있는 각 사회의 시대적 필요성에 의한 것이다. 즉 각 사회는 근대화에 따른 시대적 불안감과 공포를 억압 또는 순화시키기 위하여, 그것을 투사하여 처벌할 수 있는 마녀들이 필요했으며, 이에 따라 국가적, 인종적, 성적 등, 다양한 범주의 타자들을 만들어 냈다는 것이다. 따라서 사회는 이러한 타자들에 대한 마녀사냥을 행사하는 집단적 광기와 폭력을 발휘해 왔으며 또한 이렇게 억압된 타자들의 귀환을 통해 비판과 전복을 겪기도 했다. 이러한 사회적 현상들은 서구와 한국영화의 주요 모티브들로 다루어져 왔다. 특히 홀로코스트와 같은 거시적인 역사적 사건들을 다룸으로써 대부분의 영화들은 그러한 현상들을 재현하고 있다. 그러나 다른 한편으로 이러한 거시적 역사 대신에 사회 일상에서 일어난 그러나 엽기적인 사건이라 스캔들과 가십 거리로 사회적 이슈가 되었던 실제 사건들을 다루는 영화들도 상당수가 있다. 다시 말해, 즉 신문화사적인 관점에서 미시사를, "작은 것을 통해 읽기"를 시도하는 영화들이 또한 많다는 것이다. 특히 이 영화들 가운데는 실제 사건을 다룬 원작들을 리메이크한 영화들도 많아, 일련의 리메이크작들을 통해 변화된 시대적 양상을 반영하여 새롭게 그 사건들을 읽어내는 작업 수행 과정을 드러내 보인다. 그 대표적인 예들을 서구와 한국영화에서 찾는다면, 1933년 프랑스 르망에서 일어난 파팽 자매 살인사건과 1960년 한국 금천에서 일어난 하녀 살인사건과 이것들을 모티브로 한 영화들을 들 수 있다. 이 사건들은 모두 부르주아 가정에서 일상의 노동을 대신해주는 "하녀"들의 범죄 사건들로, 억압받고 소외당했던 "작은 사람들"의 시각에서 그 시대를 볼 수 있는 실제적인 계기를 제공해줄 수 있었다.

1933년(히틀러가 독일에서 집권을 하고, 프로이트가 『여성성(*Femininity*)』을 출판한 해)에 프랑스의 르망(Le Mans)이라는 작은 도시에서 자매인 두 하녀 크리스틴(Christine)과 레아(Lea)가 주인마님과 딸을 엽기적으로 살해한 사건이 발생했다. 이 사건은 그 당시 사르트르, 드 보부아르, 라캉 등 많은 지식인들을 비롯하여 작가들의 관심을 끌었으며, 극작가 주네(Jean Genet)는 이 사건을 『하녀들(*The Maids*)』(1947)로 극화했으며, 이후 미국의 페미니스트 극작가 캐슬먼(Wendy Kesselman)이 『이 집의 내 자매(*My Sister in This House*)』(1980)로 다시 극화했다. 이 두 극작품들은 또한 각각 마일즈(Christopher Miles) 감독의 〈하녀들(*The Maids*)〉(1975)과 맥클러(Nancy Meckler) 감독의 〈자매, 나의 자매(*Sister My Sister*)〉(1994)라는 영화로 리메이크되었다. 이외에도 최근에 드니(Jean-Pierre Denis) 감독의 〈살의가 있는 하녀들(*Murderous Maids*)〉(2000)을 비롯하여 몇몇 영화, 소설, 오페라 등 다양한 장르로 리메이크되고 있다.

1960년 한국 금천에서 하녀가 유아를 살해한 사건이 있었다. 60년대 한국사회에서 "하녀"[1]는 근대화 과정에서 발생되는 시대적 불안감을 해소하기 위한 마

1 상류층과 하류층의 구분이 분명했던 과거를 거친 유럽과는 달리 한국은 사실 하녀라는 계층이 형

녀사냥의 주요 대상으로 최하층의 사회적 주변인, 타자, 즉 소수자였다. 이러한 한국의 "하녀"의 살인사건은 프랑스의 파팽 자매 살인사건과 달리, 그 당시 사회적 이슈가 될 정도로 지식인과 대중들의 관심을 끌지는 못했고, 지금은 그 기록을 찾기에도 힘들 정도로 그 사건 자체는 잊혀졌다. 그러나 최근 새롭게 한국의 브뉴엘(Luis Buñuel, 1900~1983) 또는 히치콕(Alfred Hitchcock)으로 불리며 한국영화에 미친 영향력을 새롭게 평가받고 있는 고 김기영 감독은 이 사건을 모티브로 〈하녀〉(1960)라는 최고 흥행작의 영화를 만들었다. 그는 이후에도 60, 70년대 한국사회의 "하녀", 즉 근대화 시기 한국사회가 파생시킨 타자들, 하녀, 여공, 차장, 호스티스 등의 "새로운 불촉천민 계급"[2]에 대하여 일관된 관심을 보였다. 따라서 그는 금천 살인사건을 모티브로 일련의 하녀 시리즈 삼부작인 〈하녀〉(1960), 〈화녀〉(1971), 〈화녀 '82〉(1982)를, 그리고 명보극장 사장 살인사건을 다룬 호스티스와 첩을 주인공으로 한 〈충녀〉(1972)와 이를 리메이크한 〈육식동물〉(1984) 등 적절한 시차를 두고 만든 일련의 리메이크 작품들로 하녀 시리즈를 보강하여, 그만의 독특한 작품세계를 만들어냈다. 그리고 김기영의 원작 〈하녀〉가 나온 지 반세기가 지난 2010년 후배 감독 임상수에 의하여 리메이크되었다.

근대화 사회가 파생시킨 "새로운 불촉천민 계급"으로서의 하녀

근대화 시기 한국사회가 파생시킨 타자, 하녀, 식모, 여공, 호스티스 등의 "새로운 불촉천민 계급"의 여자들은 자신의 성을 이용해 계습상승을 꿈꾸는 순간에

성되어 있지 않다. 그러나 근대화 과정에서 한국사회는 자본의 위력에 힘입어 중산층에 진입하려는 근대 시민들의 마녀사냥 놀이를 위해 그리고 오늘날 한국사회 최상류층의 포스트모던 귀족놀이를 위하여 하녀는 끊임없이 리메이크되고 있다.

2 맹수진, 「스크린 속의 악녀들」, 『한국영화 섹슈얼리티를 만나다』, 생각의 나무, 2004, 115쪽.

바로 괴물스러운 존재, 혹은 팜므파탈로 돌변한 것으로 비난을 받는다. 이는 프로이트의 "억압된 것들의 귀환"으로, 신흥 지배계급이 그들이 부를 축적하기 위해 희생시킨 타자들이 귀환하여 복수할지 모른다는 공포를 투사한 결과로 해석될 수 있다.

서구와 한국의 "하녀"를, 그리고 사회의 일상 속에서 일어난 작은 사건들을 모티브로 한 영화들, 특히 일련의 리메이크 작품들을 조망해보면, 시대적 그리고 문화적 차이와 변화에 따른 다른 양상들이 반영된 것들을 읽어낼 수 있다. 그러나 다양한 차이에도 불구하고, 아쉽게도 그것들은 여전히 타자들의 아픔을 외면한 채, 그 시대적 불안감의 투사의 대상, 즉 여전히 마녀사냥 놀이의 대상으로 삼고 있다고 결론에 이르게 된다. 그러나 프로이트가 말했듯이, "억압된 것들의 귀환"은 끊임없이 계속되고 있다.

리메이크는 포스트모던 예술의 주요 기법이자 특징이다. 사실 자신의 작품을 후일 리메이크하든, 다른 시대의 다른 작가의 작품을 리메이크하든, 리메이크를 하는 목적은 원작의 기존의 코드와 영토의 한계를 반복하는 것이 아니라 그것으로부터 벗어나는 탈코드화와 탈영토화의 운동이 되어, 새로운 것을 끊임없이 만들어내는, 즉 차이의 반복[3]을 지향하는 것이 되어야 할 것이다. 임상수 감독은 반세기가 지나 원작을 다시 리메이크함에 있어서, 기존 원작의 코드를 탈코드화하여 우리 시대, 소위 포스트모더니즘과 천민자본주의가 만들어낸 현대문화의 코드로 재코드화하는 시도를 나름대로 했다고 볼 수 있다. 그러나 일상성, 평범성을 주장하는 포스트모더니즘이 그 속에 내재한 자율성과 다양성의 가능성을 추구하는 대신, 그 가능성 자체를 절대화하여, 신비화함으로써, "계급 적대"의 차원을 제거할 수도 있다는 지적을 여기서도 염두에 둘 필요가 있다. 즉 포스트모더니즘이 일상성과 평범성을 절대화시켜, 그것을 다시 착취의 대상으로 총체화

3 이진경, 「포스트모던의 조건」, 『문화정치학의 영토들』, 그린비, 2007, 52쪽.

시키는 돈, 즉 자본의 적대적 위력을 방조 또는 지지하고 있다는 사실을 직시할 필요가 있다는 것이다. 이러한 맥락에서 반복을 통해 차이를 만들어내려는 시도로서 김기영의 원작을 리메이크한 임상수의 〈하녀〉를 읽어보기로 한다. 즉 2010년 임상수가 만든 〈하녀〉가 어떻게 한국 현대사회의 "하녀"를 주인공으로 하여 그녀의 계급 적대적 관점에서 한국의 현대문화를 어떻게 조망하고 있는지, 그리고 여전히 그녀는 우리 사회의 불안감과 두려움을 순화시키기 위한 마녀사냥의 대상이 되고 있는지를 살펴보기로 한다. 아니면 드디어 "하녀-되기"를 통해 탈주를 시도하는 전복성을 시사하는 타자의 모습을 구현하고 있는지를 살펴보도록 한다.

한국의 브뉴엘 김기영의 〈하녀〉와 브뉴엘의 〈어느 하녀의 일기〉

하녀 영화들 가운데 실제 사건을 영화화한 하녀 시리즈의 영화들뿐 아니라, 소설을 영화로 각색한 유명한 감독들의 영화들도 있다. 프랑스 시적 리얼리즘 영화의 대가 르누아르(Jean Renoir, 1894~1979)가 미국으로 건너가 만든 〈어느 하녀의 일기(*The Diary of a Chambermaid*)〉(1946)는 옥타브 미르보(Octave Mirbeau, 1848~1917)의 소설 『어느 하녀의 일기(*Le Journal d'une femme de chambre*)』(1900)를 각색한 영화이다. 처음에는 혹평을 받은 그의 할리우드 영화들 중 한 편이었지만, 후일 바쟁에 의하여 새롭게 호평을 받았다. 파리에서 시골로 온 하녀의 신분상승 욕구를 유쾌한 소극과 멜로드라마를 혼합한 영화로 만든 르누아르의 영화를 브뉴엘(Luis Buñuel, 1900~1983)은 프랑스에서 〈어느 하녀의 일기(*Le Journal d'une femme de chambre*)〉(1964)로 리메이크하였다. 브뉴엘은 원작의 시대배경인 1900년대 프랑스를 파팽 자매 사건이 일어났던 1930년대 프랑스로 바꾸어, 포획자 같은 하녀의 신분상승 욕구에 중점을 두고 파시즘과 이기심, 부패로 인해 파탄의 길로 접어드는 프랑스 사회를 다루고 있다. 그는 성도착과 당시의 파시즘을 연관시켜, 아이러니와 블랙 유머, 도덕적 애매함을 풍기며 사회 전체를 시니컬하게 가차없이 해부하고 공격하는 자연주의 영화로 리메이크했다.

브뉴엘은 들뢰즈가 선별해낸 "문명의 외과의들(physicians of civilization)"[4]로 불리는 스트로하임(Eric Von Stroheim), 로지(Joseph Losey)와 함께 위대한 자연주의 영화감독의 대열에 끼게 된다. 브뉴엘의 〈어느 하녀의 일기〉는 소설 원작이 다루고 있는 당대 프랑스 사회의 환부를 해부하여 그 심연에서 작동하고 있는 "충동들"과 "파편들"을 징후와 물신들의 기호들로 충만한 충동-이미지로 표출하는 자연주의 영화로 평가된다. 자연주의적 이미지로서 충동-이미지는 "실제 환경(the real milieu)"의 심연에 내재하고 있는 "본원적 세계(the originary world)"를 보여준다.

〈하녀〉(임상수, 2010)

임상수 감독(1962년 4월 27일생)은 〈처녀들의 저녁식사〉(1998)로 데뷔하여, 제8회 부산영화평론가협회상 감독상(2007), 제41회 백상예술대상 작품상(2005), 디렉터스 컷 어워드 올해의 감독상(2005)을 받았고, 〈눈물〉(2000), 〈바람난 가족〉(2003), 〈그때 그사람들〉(2005), 〈오래된 정원〉(2006), 〈하녀〉(2010) 등을 감독하였다. 임상수의 〈하녀〉가 재현하고 있는 한국의 포스트모던 현대문화를 읽어내기 위한 주요한 키워드들, 하녀, 리메이크, 팝아트, 문화상품, 명품, 갤러리, 음악, 와인, 커피, 푸드스타일, 식스팩, 요가, 건강, 의료서비스 등을 중심으

4 Deleuze, Gilles, *Cinema 1: The Movement-Image*, Trans. Hugh Tomlinson and Barbara Habberjam, London: The Athlone Press, 1986, p. 125.

로 영화를 분석해본다.

〈하녀〉의 주된 배경이 되는 훈의 대저택은 마치 갤러리처럼 꾸며져 있다. 이 갤러리 같은 대저택은 현대의 포스트모던 사회를 재현하기 위한 해럴드 핀터의 마지막 극작품 『축하 파티(*Celebration*)』(2000)의 무대인 최고급 레스토랑[아이비(The Ivy)라는 실제 레스토랑을 모델로 했다고 함]과 비교될 수 있는 공간이다. 그 레스토랑에는 고객들, 지배인 리처드(Richard)와 소냐(Sonia), 그리고 웨이터들로 구분되는 엄격한 위계질서의 그룹들이 존재한다. 간단히 말해, 이 고급 레스토랑에서 벌어지는 파티는 돈의 위력으로 계급 특권의 봉건 제도를 대체한 것을 축하하는 의식에 비유될 수 있다. 제1그룹인 고객들은 전형적인 포스트모던 인간들이다. 그들은 자신의 적나라한 불안과 공격성을 완화시켜주기 위해 고안된 욕구충족물들인 섹스와 음식 등으로 감각적인 쾌락과 사치스러운 특권의 위안을 추구하는, 즉 자신의 사소한 욕구들을 만족시켜줌으로써 그들이 처한 현실의 모순들과 파국적 상황을 은폐하는 포스트모던 인간들이다.[5] 레스토랑은 그것의 스타일과 격조를 통해, 당대의 문화의 상스러운 물질주의를 안정시키기 위해 존재하는 일종의 신전, 즉 포스트모던 문화의 야비한 물질주의의 존속을 위한 신전이 되기도 한다. 또한 레스토랑의 환경은 불온하게도 유곽의 환경과 섞여있다고 지적된다. 고객들은 종업원들을 그리고 지배인들까지도 구매한 종 또는 성적인 상품으로 취급하고 있다. 사실 음식과 섹스는 욕망을 불러일으키는 것이며 또한 돈으로 구매할 수 있는 것이다. 또한 레스토랑은 고급 소비자들을 위한 일종의 21세기 고해실, 성공과 쾌락의 도시 기념물로 간주되기도 한다.

훈이의 병식과 은이에 대한 관대하고 친절한 태도는 "타자성이 결여된 타자와의 경험으로서 오늘날의 관대한 자유주의적 다문화주의"를 표방한다고 볼 수

---

5 속물적이고 불량한 포스트모던 인간들인 훈이와 해라를 위해 지배인 병식과 웨이트리스 은이도 고품격 미술품을 소장한 갤러리 같은 대저택에서 고급 음식, 와인과 커피 전문점용 기계로 뽑은 커피, 푸드스타일스트 실력을 갖춘 병식이 장식한 식사 서비스 등을 제공한다.

있다.[6] 간단히 말해, 핀터의 레스토랑이 탐욕과 형편없이 추락한 수준의 교육과 지성이 지배하는 사회로 전락해버린 "대처 집권 이후 영국의 소우주"를 보여주고 있듯이,[7] 훈이의 대저택은 오늘날 관대한 신자유주의적 천민자본주의가 지배하는 한국사회의 소우주를 보여주고 있다고 말할 수 있다. 최고급 포스트모던 레스토랑은 그들의 포스트모던 소비문화의 물질주의적인 삶의 조야한 표면을 닦고 윤을 내기 위한 파티 의식을 제공한다. 그러나 일종의 "불량 풍속희극"으로서의 핀터의 『축하 파티』는, 그의 일련의 다른 "파티"들에서처럼, 그러한 의식을 전용하여 표면의 윤을 내는 대신 그 표면을 깨뜨려, 그 이면에 숨어있는 폭력적이며 야만적인 파국의 현실을 드러내보인다.

근대화가 탄생시킨 중산계급 가정과 천민자본주의가 탄생시킨 포스트모던 가정

1960, 70년대의 고도 경제성장 시기의 한국은 국가 주도형의 근대화를 이루면서 급격히 서구 자본주의화, 산업역군인 아버지들의 헌신적 노동을 요구하는 사회로 남자들은 가장으로서의 책임과 근대성의 다양한 욕망 사이에서 방황을 했다. 반면에 70~80년대 눈부신 경제성장의 혜택을 누리면서 자라난 세대-몸치장을 중심으로 하는 소비습관에 의존하는 이러한 경향은 단순한 유행에 그치지 않고 1990년대 말의 경제 위기를 겪으면서도 크게 변하지 않은 채 젊은 남성들의 자기표현과 생활양식의 중요한 일부가 되었으며, 이들이 사는 사회는 돈의 맛

6 Žižek, Slavoj, *Welcome to the Desert of the Real!: Five Essays on September 11 and Related Dates*, London & New York: Verso, 2002. p. 11.

7 Esslin, Martin, "Harold Pinter: from *Moonlight to Celebration*", *The Pinter Review: Collected Essays 1999 and 2000* (2000), p. 29.

에 중독된 현대 천민자본주의 사회(〈부르주아의 은밀한 매력에 대하여〉)가 되었다. 천민자본주의란 천민을 엄청나게 많이 필요로 하는 자본주의로, 이제 노동자들은 "루저"가 된 "천민"들로 전락하게 된다. 다시 말해, 천민자본주의는 많은 비정규직의 노동자가 아니라 천민들을 많이 필요로 하는 자본주의로, 프로테스탄티즘의 시민정신에 입각한 자본가들의 민주주의적 자본주의가 아니라 비정규직과 정규직을 나누는 "귀족노조"의 귀족 노동자들은 자신들의 귀족놀이를 위해 비정규직을, 그들과 확연히 구별되는 천민을 또한 필요로 한다.

훈: 메트로섹슈얼, 식스팩, 몸짱, 차도남

오늘날 우리 사회는 잘 가꾸어진 육체 그 자체를 특정한 계급이나 계층의 표시로서 받아들인다. 따라서 우리 시대의 남자들은 외형적 감각적 스타일을 갖춘 남자, 즉 매끈하게 다듬어진 용모와 최신 감각의 패션으로 스타일을 강조하여 외모를 가꾸는 동시에 세련된 문화적 취향과 감수성을 갖추고 표현함으로써 기존의 규범적 남성성과는 다소 다른 남성성을 실천하고 지향한다. 다시 말해, 그들은 "스타일의 미학"을 추구하는 포스트모던 사회의 남성성의 한 형태인 "메트로섹슈얼(metrosexual, 도시적이고 성공적이고 세련되며 외모도 잘 다듬어진 현대적 남성 이성애자, 예컨대, 〈시크릿 가든〉의 주원)"이 되고자 한다. 이러한 맥락에서, 메트로섹슈얼리티는 변모하는 사회에 대응하면서 생겨난 포스트모던 남성성의 한 양태이며, 상품을 매개로 욕망을 생성하고 소비습관을 통해 남성성을 새로운 방식으로 구성하는 일종의 문화적 명령이기도 하다.[8]

8 윤조원, 「'꽃미남'과 '식스팩': 대중문화 속 오늘의 남성성」, 『페미니즘: 차이와 사이』, 문학동네, 2011, 138쪽.

자아실현, 사회경제적 성공, 이성애적 매혹이라는 궁극적 목표가 헤게모니적 남성성의 지향점과 큰 차이가 없다는 점에서 보면, 메트로섹슈얼리티는 남성성의 위기에 대한 의식 속에서 여성성 및 동성애적 남성성과 경계를 교섭하여 남성적 특권을 유지하고자 하는 문화적 수사이기도 하다. 전형적인 메트로섹슈얼로 데이비드 베컴이나 브래드 피트(Brad Pitt)가 늘 언급되는 것은 그들이 훌륭하게 가꿔진 외모의 소유자이기 때문일 뿐 아니라 직업분야에서의 남다른 성공, 행복한 결혼, 모범적인 아버지 역할 등의 남성적 성취를 함께 상징하는 인물이기 때문이다.

훈의 대저택: 팝아트와 자본주의의 소비 학습 공간

부르주아들이 아케이드와 백화점, 오페라 극장과 만국박람회장을 중심으로 유행과 취향에 따라 소비를 학습할 수 있었듯이, 훈의 대저택은 재벌의 미술관처럼 고도의 세련미를 더해가는 소비 시스템의 사회에서 소비를 학습하기에 좋은 공간(기호의 소비 혹은 차이화의 기술 학습 공간)이 된다. 우리가 소비하는 모든 상품들 속에는 계급과 취향과 위계가 있으며, 소비한다는 것은 그것들 모두를 하나의 "기호"로서 드러내고 과시하면서 소비한다는 것을 의미한다. 재벌들의 미술관 경영 및 미술품 수집은 특성상 경영에 대한 큰 부담 없이 우아함과 고상함을 뽐낼 수 있기 때문에 재벌총수 부인=미술관 관장의 등식이 성립할 수 있다. 여러 세금 혜택이 있고 상속이나 증여가 쉽다는 점에서 재테크 측면에서도 적절한 문화 사업이다.

팝아트(pop art)란 네오 다다(Neo dada)나 신사실주의, 신통속주의로도 불리며, 1950년대 후반부터 주로 영국과 미국에서 나타난 예술 현상이다. 팝아트라는 명칭은 미술 평론가 로렌스 앨러웨이가 이 경향의 회화와 조각의 서술적인 표현

양식에 대하여 언급한 데서 유래했다. 대중문화 자체를 표현의 소재로 삼고, 현대의 테크놀로지 문명에 대한 낙관주의를 기조로 하여, 상업문화를 그들 회화적 주체의 무한한 원천으로 보았다. 이미지를 인용하는 데 그치지 않고 그것을 기호나 기호체계로 사용하여, 흔히 발견되는 일상적인 이미지나 물체를 미술 작품으로 전환한다. 대표적인 작가들로는 A. 워홀, R. 리히텐슈타인, T. 웨셀만, C. 올덴버그, J. 로젠퀴스트, R. 인디애너, M. 라모스, E. 에드워드 키엔홀츠 등이 있다.

모던 예술은 리오타르의 "숭고(the sublime)"(칸트의 『판단력 비판』에서 나온 개념으로 어떤 개념에 적합한 대상을 표상하지 못하는 경우에 일어나는 미적 현상, 매우 강력하지만 동시에 모호한 감정이고, 즐거운 동시에 고통을 수반하는 감정)[9]의 개념으로 정의된다. 즉 "표상할 수 없는 것이 존재하고 있다는 사실이 보여주고자 하는 예술을 가리켜 모던"이라고 부르겠다는 것이다. 포스트모더니즘은 이런 내면의 빛이나 말할 수 없는 어떤 본질을 떠올리려는 시도에서 벗어난다. 앤디 워홀로 대표되는 팝아트는 그런 숭고함 대신에 일상사 속에서 발견되는 평범함의 주변을 돈다. 성스럽거나 고상한 어떤 색조도 배제한 채, 코카콜라병과 마릴린 먼로의 핀업 사진, 햄버거, 만화 등이 입체감마저 상실한 채 작품이 된다. "현실은 매개물을 필요로 하지 않는다. 현실을 환경으로부터 떼어내어 캔버스 위에 놓기만 하면 된다."라는 올덴부르크의 말 "마치 미술관에 들어가 있는 것처럼, 나는 온갖 종류의 상점들 사이를 돌아다녔다. 쇼윈도와 판매대에 진열되어 있는 상품들이 귀중한 미술품처럼 보였다." 팝아티스트들은 그 상품화된 세계 속에 전적으로 편입되고자 한다. 따라서 그들은 모더니즘의 아방가르드주의를 벗어나며, 반대로 싸구려 복제물들(키치)를 동원하며 그것을 또 다시 복제한다. 즉 아름다움과 독창성의 미학에 대항하여 "시뮬레이션 미학"을 만든다.

팝이 의미하는 것은 투시법과 이미지에 의한 상기작용의 종언, 증언으로서

9 료타르, 장 프랑수아, 『포스트모던의 조건』, 이현복 역, 문예출판사, 1992, 174쪽.

예술의 종언, 창조적 행위의 종언, 그리고 역시 중요한 것으로서 예술에 의한 세계의 전복 및 저주의 종언이다. 확실히 이런 점에서 최근의 예술은 숭고함이라는 개념을 명시적으로 포기하고 대신 일상성과 평범성을 택했다. 그러나 보드리야르는 "그들이 주장하는 평범함이 숭고함이라는 범주의 현대판이 아니라면 대체 무엇일 수 있겠는가?"라고 질문한다. 반대로 그것은 어쩌면 평범하고 일상적인 것마저 예술의 신성한 과정 속으로, 또 다른 숭고함 속으로 밀어 넣는 역설에 빠지고 만다는 것이다.

과시적 소비/비과시적 소비

특정한 계급이나 사회적 지위를 표시하는 것으로서의 소비는 상위 계급을 욕망하는 하위 계급의 모방과 허위의식의 도전을 받기도 한다. 명품 브랜드 속에 자신의 욕망을 투사함으로써 현실적으로 도달할 수 없는 어떤 계급 혹은 계층에 대한 욕망을 상상 속에서 해소한다. 그들이 명품을 구입하는 데 지불하는 금액은 상품 그 자체에 대한 것이 아니라, 자신의 신체를 장식하고 있는 브랜드에 시선을 주는 익명의 타자들의 선망을 이끌어내는 데 대한 대가로 지불하는 것이다. 이러한 욕망의 메커니즘 속에서 부르주아들의 과시적 소비는 혼란을 겪게 된다. 다른 계급에 의해 모방되는 과시적 소비의 형태로부터 자신들의 계급적 표시를 보호하기 위해 부르주아들이 취하는 태도는 역설적으로 비과시적 소비를 통해서 드러나기도 한다. 과거의 프로테스탄티즘과 강하게 연결되어 있는 것처럼 보이는 비과시적 소비 혹은 과소소비는 흔히 남의 눈에 띄지 않는 태도와 검소함, 겸손함으로 자신을 나타내는 태도 속에서 발견된다.

하지만, 이런 행동들은 결국 한층 더한 사치 혹은 과시의 증거이자 보다 교묘한 계급적 차별과 다르지 않다. 왜냐하면 그러한 과소소비는, 덜 소비하는 것이 아니라 가격에 대한 흔적을 지우는 것이기 때문이다, 과소소비 혹은 비과시적 소비에서 중요한 것은 일반인들은 그것의 가치를 알아차릴 수 없게 한다는 것, 때문에 모방할 수 없게 한다는 데에 의미가 있다는 것이다. 예컨대, 해라의 패션은 대표적인 청담동며느리룩으로 계급의 문화지수로서의 역할을 한다. 그녀의 옷과 머리는 "고급 의상실이 주는 느낌을 없애주는 심플한 디자인"과 "세계에서 머리를 가장 잘 흐트러뜨려주는 미장원"에서 구매한 비과시적 소비를 통한 차별적인 소비의 예로 간주될 수 있다.

현대인들은 어떤 상품의 구입과 동시에 그것을 구입함으로써 자신을 사회적으로 구별짓고 싶어한다. 인간의 욕구가 대체로 사물 그 자체에 있는 것이 아니라 "차이화(사회적 의미화)"에 있기 때문이다. 이런 점에서 부르디외는 소비를 포함한 한 개인의 문화적 실천 전반이 타인과 지신을 구별짓기 위한 행위라고 말한다. 이 때 한 개인이 어떤 문화적 실천(상품의 선택을 포함하여)을 하는가는 단순히 그의 성격이나 취향을 표시하는 차원에 머무는 것이 아니다. 부르디외에 의하면, 하나의 선택 속에 한 개인의 출신 배경이나 계급, 교육 수준이 고스란히 표현되기 때문이다. 즉 "취향"이 계급의 지표로 작동하는 것이다. 클래식 음악을 좋아하는 사람과 대중음악을 좋아하는 사람, 와인을 좋아하는 사람과 소주를 좋아하는 사람, 골프를 좋아하는 사람과 탁구를 좋아하는 사람은 각각 자신이 좋아하는 것을 통해 자신의 계급과 사회적 위치를 드러내고 있는 셈이다. "문화상품"의 경우, "취향"에 의한 대표적인 차이표시적 기호물로 기능한다(예컨대, 고품격 관광 상품, 별장으로 휴가를 즐기러 간 훈이 가족, VIP석이나 R석 선택, 재즈클럽 출입).

훈이가 마시는 와인, 은이에게 성은과 함께 내리는 와인, 그리고 해라에게 마셔보라고 권하는 와인(VVIP를 대상으로 판촉을 위해서 보내온 와인) 등은 비과시적이지만, 차이를 두드러지게 나타내는 기호가 된다. 따라서 훈이의 와인과 음식의 취향은 차별화의 논리에 따라 섬세하게 제공되는 상품들에 의해 개인의 개성과 취향, 욕구가 만들어지는 것임을 보여준다. “옛날에는 출생, 혈통, 종교의 차이는 교환되는 것이 아니었다. 그것들을 유행의 차이가 아니라 본질적인 것과 관련되어 있었다. 그것은 ‘소비되는’ 것이 아니었다. 현대에서의 차이, 복장, 이데올로기 및 성의 차이조차도 소비의 거대한 연합체 속에서 서로 교환된다.”[10]

훈이가 군림하는 포스트모던 사회의 소우주에서 해라는 여왕처럼 사는 삶을 기대하지만, 그녀는 아버지의 법의 수호자로, 다산을 통해서만 재생산 기계로서의 자신의 존재감을 확인할 뿐인 정규직(종신계약을 한) 하녀로서의 마님의 역할을 할 뿐이다. 물론 비정규직의 하녀와는 차별성이 두드러지지만, 이러한 차별성 역시 정규직 노동자와 비정규직 노동자 사이의 구분을 대변할 뿐, 이들은 모두 귀족놀이를 즐기는 훈이의 하녀들일 뿐이다. 임신한 마님, 정규직 하녀 해라는 비정규직 하녀 은이의 뱃속의 아이를 보약을 대체한 독약으로 유산시킨다. 마님의 부재를 틈타 마님 역할 놀이를 하는 은이는 해라의 욕조에서 뱃속의 아이를 핏덩어리의 “비체”로 유산한다. 뱃속의 아이를 위해 보약을 먹는 은이를 통해 하층계급의 의약품에 대한 강박관념적 수요를 읽어낼 수 있으며, 해라의 출산에 대해, “의사들이야 뭐 내가 하라면 하는 거고.”라고 말하는 훈이의 태도는 부유층의 의사에 대한 수요는 소비라는 것을, 즉 “의사가 고통을 경감시키는 사람으로서 알코올이나 쇼핑, 수집(소비자는 의사와 약품을 소비한다.) 등의 모든 종류의 퇴행과정과도 대체될 수 있다는 점에서 이 수요는 소비로 통한다. 전기세탁기가 안락한 생활에 대한 기호로 소비되듯 의사도 다른 여러 것들 중 하나의 기호로서 소비된다.”[11]

임신한 해라의 관리된 몸(사물화된 육체)은 꾸준한 복근운동으로 탄력있게 관리된 배만 볼록하고, 여전히 날씬한 완벽한 D라인 몸매를 유지하고 있다. 이는

---

10 보드리야르, 장, 『소비의 사회: 그 신화와 구조』, 이상률 역, 문예출판사, 1991, 126쪽.

11 보드리야르, 장, 『소비의 사회: 그 신화와 구조』, 이상률 역, 문예출판사, 1991, 184쪽.

최근의 만삭 사진 찍기 열풍을 연상시킨다. 1991년, 할리우드 스타 데미 무어가 찍은 만삭 누드 사진으로 세계적으로 이슈가 되었고, 이후 브리트니 스피어스, 안젤리나 졸리 등 할리우드 여배우들이 당당히 만삭의 배를 노출한 채 사진을 찍으면서 하나의 트렌드로 자리 잡았다. 국내에서도 많은 연예인들뿐 아니라 일반인들 사이에서도 만삭 사진 찍기 열풍이 불고 있다. 이렇듯 관리된 마님의 몸과는 달리, 하녀 은이의 허벅지 흉터는 그녀의 섹시한 몸에도 불구하고, 그 흠집은 마님의 몸과 구별시켜준다. 특히 비린내 나는 은이 친구의 가꾸어지지 않은 풍요로운 몸은 해라의 몸과는 대척점을 이룬다.

비정규직 하녀의 노동

대중문화의 매체로서 영화는 하녀의 섹슈얼리티를 "비정상적" 섹슈얼리티, 즉 동성애 코드로 읽어내려는 경향을 보인다. "문학과 연극보다 대중적 매체인 영화에서 '하녀'는 잘 팔리는 코드이다. 누구나 뭐든지 다해주는 램프의 요정 지니를 꿈꾸듯 지난한 일상의 노동을 깔끔하게 대신해주고 때론 성적 환상의 파트너까지 되어줄 수 있는 사도-매저키즘적 욕망의 대상으로서 "하녀"는 그래서 시대를 막론하고 누구나 소유하고 싶어하는 부의 상징이기도 하다 … "하녀"는 가부장제와 계급제도로부터도 소외된 완전한 주변인이며 모더니티가 비껴간 무풍지대의 잉여적인 존재들이고 스크린 속 이미지와 다른 그들만의 고단한 현실은 오늘도 여전히 현재진행형이기 때문이다."[12] 이러한 주변인들인 〈하녀〉의 하녀들은 또한 프로페셔널한 하녀들이라고 할 수 있다. 병식은 오랜 하녀 생활에 신

12 우미성, 「하녀들의 성(性): 웬디 캐슬만의 희곡 『이 집의 내 자매』와 영화 〈시스터 마이 시스터〉를 중심으로」, 『문학과 영상』 11.2(2010): 535-536쪽.

물 나 하면서도 "아더메치"한 짓을 계속하는 뼛속까지 하녀근성으로 가득 차 있는 늙은 하녀이고, 은이는 "저 이 짓 좋아해요."라고 천진하게 말할 정도로 하녀 노릇에 충실한 하녀이다. 그들의 과장된 하녀-되기는 지금 우리가 살고 있는 지나치게 풍부한 사회, 정확히는 풍부함의 기호가 충만한 사회에서 끊임없이 업그레이드하기 위해 냉정히 팽개쳐버리는 아직 쓸만하지만 "비체" 취급을 받는 소수-되기를 수행하고 있다고 볼 수 있다. 따라서 자연주의 영화 김기영의 〈하녀〉의 결말이 파멸로 치달은 뒤에 '모든 것은 꿈'이라는 엔딩으로 끝나고 있는 반면, 임상수의 하녀는 다시 마녀사냥의 대상이 되어 마녀로 화형을 당한다고 볼 수 있지만, 다른 한편으로는 하녀가 "화녀"로 소신공양을 함으로써, 타자성을 구현하여 경이와 놀람을 가져다줄 수도 있다.

비정규직 하녀의 섹슈얼리티: "비체"

원작과 50년의 시차를 두고 리메이크된 영화 임상수의 〈하녀〉가 만들어내고 있는 "하녀"를 비교해보면, 오히려 그 모델을 시대적으로 더 거슬러 가고 있음을 알 수 있다. 21세기 천민자본주의의 한국사회는 자신의 천민성을 사회적 타자에게 투사함으로써 귀족놀이를 즐기려는 천민자본주의자들의 욕망에 의하여 이제 하녀는 반상의 구분이 확연했던 조선시대의 "천민"(노예)의 반열로 전락하게 된 것이다. 다시 말해, 이제 한국사회는 천민자본주의를 유지하기 위해 수많은 천민들이 필요하게 된 것이다. 그리고 이 천민들은 타자로서 제 자리에 있지 않음으로써 기존 사회 질서를 교란하게 되면 크리스테바가 일컫는 비체(abjection)가 된다.[13] 즉 순치되고 법을 준수하는 정화한 몸을 만들기 위해 몸 안에 있으면서도

13 임옥희, 「서문: 다락방에서 타자를 만나다」, 『다락방에서 타자를 만나다』, 여이연, 2005, 19쪽.

바깥으로 밀려나는 것들이 비체이며, 바로 하녀들이 대표적인 비체들이다. 그들은 중산층 가정 안에서 주인 마님의 더블로 노동과 때로는 섹스를 제공하지만, 제자리에 있지 않고 신분상승을 위해 자신의 성을 이용하는 순간 괴물, 팜므파탈, 비체가 되어 밀려나와 버려진다.

〈하녀〉는 소비와 향락의 도시 밤거리에 여자가 건물에서 쓰레기처럼, "비체"가 되어 떨어져 자살하는 것으로 시작한다. 버리기 위해 생산하는 자본주의 사회에서 버림을 당한 쓰레기 같은 존재는 미처 다 소비되지 못한 음식물 쓰레기를 양산하는 도시의 거리에 이제 몸을 던져 자신을 스펙타클로 만든 것이다. 곧 그 시신은 거리에 지워질 흔적만 남기고 치워지지만, 그러나 은이가 그 흔적을 본 순간 은이는 그 죽은 여자와 동일시하는 자신을 본다. 그리고 고급 팝아트 작품인 샹들리에에 매달려 춤추듯이 소실되어가는 은이 역시 "비체"가 되어 사라진다. 그러나 다른 한편, 마치 비상하는 불새처럼 분신을 하는 은이의 몸은 소신공양을 하는 화녀처럼 보인다.

하녀의 눈으로 본 한국 현대사회

최근 우리 사회의 역사에 대한 새로운 이해와 서술을 위해 신문화사적인 방법이 제기되고 있다. 신문화사적인 접근 방식은 '두껍게 읽기', '다르게 읽기', '작은 것을 통해 읽기', '깨뜨리기' 등으로 설명된다. "두껍게 읽기"란 클리포드 기어츠의 "두꺼운 묘사(thick description)"의 개념을 의미한다. 사실 인문학적인 묘사는 원래가 두꺼운 묘사, 예를 들어 사과라는 단어에 대한 인문학적 접근-사과 자체보다는 그것에 담겨 있는 여러 의미를 다룬다. "다르게 읽기"란 서구중심적, 남성중심적, 승리자 중심의 역사 서술의 객관성에 대한 문제 제기에서 출발한 읽기를 의미한다. "작은 것을 통해 읽기"란 큰 사람들에서 벗어나 박해받고 소외되었던 작은 사람들의 눈으로 역사를 바라보고자 하는 것이다. 미시사라고 불리는 작은 것을 통해 읽기는 단지 역사 속에서 사라져간 무명인물의 개인적인 역사 복원뿐만 아니라 그들의 역사를 통해 그들로 대변되는 대다수 민중의 삶과 생각의 방식을 종래와는 다른 시각에서 찾고자 하는 시도이다. 마지막으로 "깨뜨리기"란 기존 역사의 이해와 서술방식을 해체시키는 작업이다. 본 강의에서 임상수의 영화 〈하녀〉를 읽어내는 시각은 바로 이러한 신문화사적인 접근방식이라고 볼 수 있다.

그러나 이러한 읽기를 통해 볼 때, 사실 임상수의 〈하녀〉는 "밑으로부터의" 시각에서 현대 사회의 모습들을 구체적인 다양성 속에서 보여주고 있다고 보기는 힘들며, 아직도 그의 하녀는 그 이면에서 목소리를 갖지 못한, 즉 서사가 박탈당한 타자로서의 존재를 넘어서지 못하고 있음을 알 수 있다. 다시 말해, 김기영의 일련의 하녀 시리즈들이 한국의 근대화 과정이 파생시킨 타자로서의 하녀를 중산층의 마녀사냥 놀이를 위해 리메이크한 것이라면, 임상수의 하녀 역시 천민자본주의 사회의 최상위층의 포스트모던 귀족놀이를 위하여 다시 리메이크된 것이다. 그러나 결코 한국의 근대화를 진행시키는 거시적인 역사의 주역이 되었던 적이 없는 계층의 하녀 은이는 브뉴엘의 하녀 셀레스틴(Célestine)처럼 서사를 만들어내는 대신, 자신을 스펙타클화하여 타자로서의 전복성을 구현하고 있다고 볼 수 있다. 즉 훈이네의 포스트모던 귀족놀이의 수행성을 통해 전복의 가능성을 시사하고 있다는 것이다.

분신 장면에서 은이는 그녀가 목격했던 투신자살한 여자처럼 비체로서 자신을 극화시키고 스펙타클로 만들며 그렇게 하고 있는 자신을 응시함으로써, 제3의 시선을 취하고 있다(*복수를 하러 가는 은이의 냉소적인 미소와 시선: 스스로의 비천과 빈곤을 응시하면서 자신을 스펙터클로 응시의 대상으로 만드는 은이). 이러한 은이의 어처구니없는 장난 같은 전략은 단지 수동적이고 소극적인 저항만은 아니다. 이 집의 공간과 이기적인 거주자들은 그들 안의 타자를 비체로 만들었다. 타자화된 비체는 공손하게 그런 폭력에 순응하는 것 같으면서도 사실은 자신을 비체로 만들고 있는 그들의 두려움을 조롱하면서 모욕을 가한다. 모욕의 기술로서 비체가 가진 유머와 공포에서 타자화된 것들의 정치성을, 즉 전복성을 발견할 수 있다.[14]

이러한 관점에서 나미에게 아버지의 돈에 굴복하지 않는 은이라는 여자를 기억해달라는 유언을 남기고("나미야, 너한테 정말 고마웠는데 이렇게 돼서 정말 미안해. 네 동생들한테도 아줌마 꼭 기억하게 해줘야 돼."), 나미와 그녀의 가족들 앞에서 분신의 스펙타클을 그녀가 연출한 것의 의미를 이해할 수 있을 것이다. 그리고 〈하녀〉의 은이를 기억하는 성장한 나미, '어렸을 때 우리 집에서 자살한 하녀'를 기억하는 나미를 주인공으로 하여 〈하녀〉를 리메이크할 차기작인 〈돈의 맛〉의 제작 의도 역시 잘 파악할 수 있을 것이다. 즉 은이에 대한 기억을 간직한 나미가 그녀의 유산한 아이를 대신하여, 그 집의 가족들이 살던 방식이 아닌 삶을 살 수도 있을 것이라는 희망을 〈하녀〉의 엔딩에서 볼 수 있으며, 이러한 엔딩에서 임상수의 새 영화 〈돈의 맛〉이 생성될 수 있었던 것이다. 〈하녀〉의 엔딩이 나미의 생일 파티로 끝난다는 것 역시 이러한 해석을 뒷받침해준다.

더 읽을거리

장 보드리야르, 『소비의 사회: 그 신화와 구조』, 이상률 역, 문예출판사, 1991.

Foucault, M., "Technologies of the Self", *Technologies of the Self*, Eds. L H Martin, H Gutman and P H Hutton, Amherst: University of Massachusetts Press. 1988, 16-49.

임옥희 편, 『다락방에서 타자를 만나다』, 여이연, 2005.

이진경 편, 『문화정치학의 영토들』, 그린비, 2007.

---

14 임옥희, 「비체들의 유머, 『일요일의 스키야키 식당』」, 『다락방에서 타자를 만나다』, 여이연, 2005, 308쪽.

한국영미문학페미니즘학회 편, 『페미니즘: 차이와 사이』, 문학동네, 2011.

Žižek, Slavoj, *Welcome to the Desert of the Real!: Five Essays on September 11 and Related Dates*, London & New York: Verso, 2002.

Deleuze, Gilles, *Cinema 1: The Movement-Image*, Trans. Hugh Tomlinson and Barbara Habberjam, London: The Athlone Press, 1986.

Deleuze, Gilles, *Cinema 2: The Time-Image*, Trans. Hugh Tomlinson and Robert Galeta, London: The Athlone Press, 1989.

유지나, 조흠 외, 『한국영화 섹슈얼리티를 만나다』, 생각의 나무, 2004.

| 열한 번째 강의 |

한류의 확산과 문화 상품화 과정에서 인문학의 선기능

–윤영순(경북대학교 노어노문학과)

인문학과 시장의 불편한 관계!?

현대 사회에서는 모든 가치가 '돈'으로 환산될 수 있는 어떤 것으로 여겨진다. 한 민족과 국가의 문화유산도, 학문적 성과도, 또 스포츠 경기의 승패도 얼마나 많은 부를 창출할 수 있을 것인가에 따라 평가되고 재단된다. 그렇기에 자본이나 권력에서 자유로우며, 학문 탐구의 공간으로서의 대학은 공허한 이상처럼 들리고, 진리추구가 대학의 본질이라는 말은 시대에 뒤진 것처럼 여겨진다. 얼마나 많은 학생들을 성공적으로 '시장'으로 내보내고, 얼마나 많은 부가가치를 창출할 수 있는 '경쟁력 있는' 전공들로 채워지는가가 오늘날 대학을 평가하는 중요한 잣대가 된 것이다.

'인간다움'에 대한 학문으로서의 인문학은 이런 배경에서 살펴볼 때, 시장과 가장 어울리지 않고 상관이 없어 보이는 학문이다. 동서양을 불문하고 인문학자들은 전통적으로 시장의 부정적 측면에 주목하고 이에 대해 비판적 시선을 견지해 왔기 때문이다.[1] 플라톤과 아리스토텔레스는 교환의 목적이 자기에게 필요한 이상의 이익을 추구하는 경우, 이를 비도덕적이라고 규정한 바 있다.[2] 예를 들어, 플라톤은 『국가』에서 장사꾼들은 정의가 아니라 사적인 욕심에 의해서만 지배되므로 이상적인 정부 구성에 참여할 수 없다고 보았기에 이들을 자신의 이상적 공화국에서 가장 아래 계급에 두었다. 유사한 맥락에서 아리스토텔레스 역시 생산의 목적은 돈을 모으겠다는 것이 아니라 필요를 충족시키기 위한 것이기 때문에, 이윤을 남기기 위해 물건을 생산하는 것은 '부자연스러우며' 그릇된 일이라고 지적한다.

매매와 이를 통한 이윤추구에 대한 고대 철학자들의 적대적 이해 방식은 중세의 절대적 기독교적 가치관과 만나면서 더 정연하고 엄격해졌다. 예를 들면 아퀴나스는 화폐는 물건의 교환을 올바르게 하기 위해 등장한 것이므로 이를 매개로 한 상행위라는 것이 반드시 나쁘지만은 않다고 인정하면서 보다 유연한 입장을 보였음에도 불구하고, 그 적용에서는 그리스 철학자들의 전통을 따르고자 했다. 상인이 국가를 통치할 수 없다고 말했던 것과 유사한 맥락에서, 아퀴나스는 성직자와 수도사는 '돈을 벌기 위한 일에' 참여할 수 없다고 규정했다. 그러한 행위를 함으로써 사제가 '정의를 거스를 수' 있다고 보았기 때문이다.[3] 학자들은 결국 돈이나 상행위로 대표되는 시장이라는 것을 인문학이 본질적으로 추구하는 정의나 진리의 영역과 대립되는 것으로 여겼다는 점을 잘 알 수 있다.

전통적으로 사농공상의 체계 하에서 시장을 폄하했던 동양에서와 마찬가지로 이렇듯 서구에서도 인문학, 특히 정신적 이상을 추구하는 학문과 예술 영역

1 자세한 내용은 다음을 참고하라. 해리 버로우즈 애튼, 『시장의 도덕』, 이종욱, 유주현 역, 한국경제연구원, 1996, 55-58쪽. 268-299쪽.

2 플라톤, 『국가』 2권, 박종현 역, 서광사, 1997, 151-152 쪽.

3 토마스 아퀴나스, 『신학대전 Summa Theologica』(2부, 제2편 Q 61, 2절, 2부 제2편 Q77, 1절, Q78, 1절, Q187, 2절) 참조. 『신학대전 요약』, G. 달 사쏘, R. 꼬지 편, 이재룡 외 역, 가톨릭대학교 출판부, 1995. 273쪽, 285-287쪽, 372쪽.

은 시장과 연관을 가지지 않는 것이 더 나은 것처럼 인식해왔음을 알 수 있다. 문제는 고대와 중세에 시장에 대해서 가졌던 인문학자들의 부정적 태도가 정당화되는 방향으로 현실 시장이 발전해 갔다는 점인데, 이와 같은 현상은 산업혁명 이후 근대 자본주의 시장에서 더 첨예화되고 있다. 시장을 멀리하고자 했던 중세 스콜라적 논리와는 달리 근대의 기독교는 시장과 자본의 전지전능성을 민감하게 인식하고 부르주아를 위한 도덕적 면죄부를 재빨리 만들어주었다. 서구 부르주아의 기본 정신이 되는 청교도주의와 칼뱅주의에서 근면과 절약, 이를 통한 부의 축적은 당연시 되었으며 심지어 종교적 이상을 실현하는 과정으로 장려되기까지 했다. 고대와 중세의 철학자들이 혐오해 마지않던 대량생산을 통한 이익의 극대화와 경쟁을 통한 이윤의 추구, '보이지 않는 손'이 지배하는 시장의 법칙은 이렇듯 종교의 비호와 제국주의의 보호 아래서 근대 사회의 지배적 법칙이 된 것이다. 시장이 세계화를 명목으로 그 외연을 확산해 나가고, 신자유주의의 기치하에 우리 삶의 깊은 곳까지 관여하고 있는 오늘날, 시장의 힘은 더욱더 커져 인류가 해결해야할 많은 문제들을 쉽게 풀어줄 수 있는 전지전능한 기구처럼 보이면서도, 인간을 자본의 노예로 전락시킬 수 있는 두 가지의 가능성을 동시에 지니게 된 것이다.

이런 맥락에서 보자면 이른바 인문학의 위기라는 것은 어쩌면 당연한 것으로, 인문학이 전통적으로 시장과 적대적이었기에 아니 더 직설적으로 현대 자본주의 사회에서 인문학이 '돈'을 만들어 낼 수 없기에 조만간 닥칠 수밖에 없었던 필연적인 것이다. 결국 인문학이 시장을 멀리한 결과로 이제는 시장과 시장사회가 적극적으로 인문학을 거부한 것으로 볼 수 있는 것이다.

하지만, 반대로 인문학의 위기는 스스로 제 역할을 하지 못했기에 닥쳤다고 볼 수도 있다. 인문학은 인간이 '인간답게' 살 수 있도록 사유하게 해주는 학문이지만, 그 본연의 역할을 하지 못한 채 '시장'이 무소불위의 권력이 되어 인간 사회의 모든 것을 결정하고 재화가 모든 것을 평가하는 사회가 될 때까지 방치했으며, 자의로든 타의로든 상아탑에 고립되어 대중과 소통하지 못했기에 이제 스스로의 존재 가치조차도 위협당하는 모순적인 상황에 처한 것이다.

문화 상품화 시대와 인문학

그렇다면 인문학의 위기에 대한 처방은 무엇일까? 위기에 대한 여러 가지 이유, 그 어떤 관점에서 보더라도 더 이상 인문학이 골방으로 돌아가 갇혀있을 수 없음은 분명하다. 최근 인문학을 둘러 싼 위기론은 인문학이 다른 학문 분야나 대중과 적극적으로 소통함으로써, 그리고 인문학도 시장에서 팔리는 학문이 될 수 있다는 두 가지 측면에서 위기 극복의 가능성을 찾은 것처럼 보인다.

스티브 잡스가 윌리엄 블레이크의 시에서 종종 영감을 얻었다고 말하고, 미국의 전문 경영인들이 시와 역사를 공부하며, 대학의 CEO 인문학과정이 인기를 끄는 것에서 볼 수 있는 것처럼, 기업인들도 경영학이나 경제학 같은 전문적 지식과 더불어 인문학적 소양을 겸비해야 자기 분야에서 살아남을 가능성이 더 크다고들 이야기한다. 더불어 과학 분야에서도 인문학적 상상력이 새로운 기술을 찾아내는 데 도움이 된다는 사실을 인지하면서 인문학이 시장에 적극적 역할을 할 수 있다는 인식이 생겨난 것이다. 소외받은 이들을 위한 클레멘트 코스의 확산과 더불어 시작된 다양한 분야에서의 인문학 대중화 움직임 역시 이런 맥락에서 해석될 수 있다.

한편 이와 더불어 인문학이 문화 시장에 개입해서 새로운 '시장'을 개척하는 데 적극적 역할을 할 수 있다는 보다 실용적 관점도 대두하고 있다. 세계화 시대, 문화가 상품이 되고 문화콘텐츠들이 사고 팔리는 오늘날, 우리나라 '대중문화'가 세계 곳곳에서 선전하고 있는데, 이러한 분위기를 보다 활발하게 살려야 된다는 것이 그것이다. 현재 얼마나 많은 우리 가요가 K-pop이라는 브랜드로 세계 각국으로 확산되고 있으며, 우리나라 TV드라마가 얼마나 많은 국가에서 인기를 얻고 있는지가 거의 매일 언론에 보도되고 있다. 그리고 그것이 한국이라는 나라와 문화 전반에 대한 관심, 우리 상품에 대한 수요로 이어지리라는 장밋빛 전망도 빠지지 않고 등장한다. 이러한 역할을 할 수 있는 문화콘텐츠를 계속 개발하고 상품화하는 데 인문학이 아이디어를 제공해 줄 수 있으며, 이를 통해 부가가치를 창출할 수 있다는 효용론은 이제 더 이상 낯설지 않다. 그리고 덕분에 각 대학들에는 문화콘텐츠 개발 및 내러티브와 관련된 새로운 학과들이 유행처럼 생겨나고 있다.

우리가 의도했든 그렇지 않든 K-pop과 한국 드라마가 아시아를 넘어 중동과 남미, 서유럽까지 확산된 현상은 분명 긍정적이고 즐거운 소식이다. 그렇다면 과연 인문학의 역할은 이러한 축제 분위기에 박차를 가하도록 기름을 붓고 이를 활활 불타게 하는 것일까, 그렇지 않다면 오히려 차분하고 비판적인 시선으로 이 현상들의 이면을 살펴보는 것에서 시작해야하는 것일까? 아마도 당장의 이익이 아니라 보다 먼 미래, 보다 더 큰 가치를 추구하기 위해서 인문학은 오히려 후자의 역할을 자처해야 할 것이다.

K-pop과 한류 확산에 대한 다른 시선

최근 이슈가 되고 있는 이른바 'K-pop' 현상을 조금은 다른 관점에서 살펴보는 것에서 시작해 보자. 첫 번째로 K-pop을 온전한 예술문화 장르로, 또는 정체성을 지닌 우리 문화의 산물로 볼 수 있는가라는 근본적인 질문을 던질 수 있을 것이다.

K-pop의 인기는 뛰어난 외모와 걸출한 춤 실력을 갖춘 걸 그룹이나 보이 그룹들을 중심으로 시작되었다. 최근 유투브를 비롯한 동영상 공유 사이트를 중심

으로 이들의 뮤직 비디오가 인기를 끌면서, 아시아뿐만 아니라, 유럽, 아메리카 대륙 등 세계 곳곳에서 한류 팬들이 우리 가수들의 자국 공연을 촉구하는 플래시 몹을 하고 공연장마다 만원을 이룬다는, 우리로서는 반가운 기사들을 자주 볼 수 있다. 인종을 불문하고 한국 아이돌의 노래와 춤을 따라하고, 우리말로 쓰인 플래카드를 들고 파리에서, 런던에서, 뉴욕에서, 모스크바와 마드리드, 시드니에서 공연 촉구 시위를 벌이는 모습은 일견 흐뭇하게 다가오기까지 한다. 그리고 이와 같은 관심이 일회성으로 끝날까봐 조바심을 내면서 신곡과 새로운 콘텐츠를 계속 제공하고 이를 국가적 산업으로 육성해야 한다는 제안들도 나오고 있다. 실제로 발 빠르게 공연을 성사시키고, 이들 국가 청소년들을 대상으로 오디션 프로그램을 진행해서 팬들의 관심을 지속시키려는 노력도 뒤따르고 있다.

하지만 이 현상을 조금만 주의 깊게 살펴보면 이를 기쁘게만 받아들일 수 없는 측면이 분명히 보인다. 우선은 이와 같은 K-pop의 인기가 자생적이라기보다 다분히 사전에 기획된 것이라는 점이다. 아직 완전히 상업화되지 않은 인터넷 공간에 메이저급 기획사들이 지속적으로 관여하면서 자사 가수들의 뮤직 비디오를 끊임없이 제공하고, 조회 수를 높이는 것에서 시작된 시장의 기획이 K-pop 현상의 출발점인 셈이다. 21세기 문화 교류와 소통의 가속화라는 맥락에서 가상공간과 인터넷의 도움으로 전 세계 젊은 세대와 공감의 가능성을 찾은 것은 어쩌면 한류 전파 방식의 긍정적 측면일지도 모른다. 그렇지만 클릭 수의 증가를 통한 광고효과의 창출과 이를 음반 판매로 연결시키려는 것은 분명 거대한 음악 기획사들의 사전에 계획된 기획이다. 어쩌면 우리나라 인터넷 분야 발전에 박수를 보내고 새로운 시대의 소통 방식을 미리 읽어내어 발 빠르게 대처한 기업들의 홍보 수단에 손을 들어주어야할 지도 모르겠지만, 이 과정이 이른바 예술문화의 자연스런 교류와 상호작용과 거리가 멀다는 점만은 분명해 보인다. K-pop 전파의 기본적 목적이 이윤창출에서 시작된 기획이라면, 더 이상 시장에서 이익이 되지 않는 어떤 한 순간 또 다른 기획에 따라 사라지기도 잊히기도 쉽기 때문이다.

K-pop 전파의 외적 형식뿐만 아니라, 그 내용 역시 많은 문제점을 내재하고 있다. 현재 K-pop은 실행 주체만 우리나라 가수들일 뿐, 그 콘텐츠는 다분히 '미국적'이다. 노랫말, 노래를 구성하는 멜로디와 리듬의 유형, 춤까지 모두 미국 pop의 형식을 그대로 반복하고 있다. 게다가 이를 뒷받침하듯 노랫말의 절반 이상을 차지하는 국적불명의 영어 가사들. 그리고 기계같이 일사분란하게 움직이는 소위 K-pop의 '전사들'! 이런 형식과 내용을 지닌 K-pop이 과연 우리의 문화로서 세계에 계속 전파되고 더 나아가 생명력을 지닌 하나의 문화 장르로 살아남을 수 있을까? 아니, 살아남을 필요가 있는 것일까?

K-pop이나 한국 드라마에 대한 흥미는 아직도 자문화에 대한 표상이 형성되지 않은 이국의 어린 소녀 소녀들이 아름다운 외모와 노래에 열광하도록 하며, 성형이나 가벼운 소비문화를 한국문화와 동일시하게 만들 위험이 있다. 그리고 이것은 우리가 이미 수십 년 전 미국 문화 수용 과정에서 경험했던 일이기도 하다. 1970~1980년대, 우리 안방극장을 잠식했던 미국의 드라마들을 당시 대다수 국민이 시청했으며, 팝송은 가요만큼이나 인기를 끌었기에 빌보드 차트 인기순위 변화에 우리나라 젊은 세대 상당수가 민감했다. 〈육백만 불의 사나이〉와 〈원더우먼〉을 보고, 〈비버리힐스의 아이들〉을 동경하며, 〈하버드의 공부벌레들〉을 꿈꾸며 성장했던 세대들이 우리 사회의 주류가 되는 동안 우리는 미국 문화의 세례를 제대로 받았는데 문제는 이를 제대로 의식조차 못한다는 점이다. 청소년들은 미국드라마에서 보이는 가벼운 섹스와 폭력을 미국 문화의 본질적 부분으로 여기며, 성인들은 미국식 소비문화를 미덕으로 삼고, 학교와 기업에서는 미국식 영어가 개인의 능력을 판단하는 잣대가 되었다.

현재 한류문화 전파의 방식은 형식만 다를 뿐 20세기 중후반부터 가속화되던 아메리카니즘의 확산, 미국식 문화 침략의 행태와 크게 다르지 않다. 어쩌면 미국 문화에 대한 비판적 시선이 없이 자동화된 의식으로 이를 수용하였기에 지금 우리는 미국 문화를 모방한 콘텐츠로 미국식 문화 전파와 유사한 방식을 반복하고 있는 것은 아닐까. 아메리카니즘의 확산 과정에 숨겨져 있던 문화제국주의나 자문화우월주의적 경향이 한류 전파과정에도 반복되고 있는 것은 아닌지, 이를 살펴보는 것이 한류 전파와 문화 상품화에 앞서서 인문학이 해야 할 역할 중 가장 기본적인 것이라 할 수 있다.

실제 CNN이나 르몽드를 비롯한 몇몇 외국 언론에서는 세계로 확산되는 한국의 대중문화가 지니고 있는 어두운 측면을 우리보다 앞서 지적한 바 있다. 소년 소녀들을 춤추고 노래하는 기계로 길러내는 우리 문화 '산업'이 지니고 있는 획일성과 일종의 가학성, 그리고 인간을 사유하게 만들어 주는 문화예술의 가장 본질적 측면과 거리가 먼 한류문화의 얕은 깊이를 비판하고 있는 것이다. 어쩌면 우리도 어렴풋이 알고는 있었지만 한류의 확산이라는 달콤한 소식에 눈 감고 귀 막고 있었던 것은 아닌지 생각해볼 일이다.

한류가 우리 문화 고유의 정체성을 지니지 못할 때, 그것이 진정한 한국 문화로서의 한류가 될 수 없다는 점은 우리 보다 먼저 이러한 붐을 경험한 다른 나라의 예를 통해 알 수 있다. 1980년대와 90년대 초반 홍콩 영화는 우리나라를 비롯해서 세계 각국에서 인기를 누렸다. 하지만 그 잠깐의 유행은 어떠한 결과물로도 수렴되지 못한 채, 지지부진 사라지고 말았다. 코미디나 액션 장르 영화들은 나름의 인기를 얻었지만, 자기들만의 색깔이나 깊이를 가지지 못했기에 이후 중국의 역사와 문화를 심도 깊게 영상화 해낸 장예모 같은 본토 거장 감독의 영화와는 비교도 할 수 없는 수준으로 떨어지고 만 것이다. 이와 같은 가까운 이웃의 예는 우리에게 여러 가지를 말해준다. 문화제국주의와 자문화 중심주의에 대한 비판적 시선과 더불어 남의 것이 아닌 우리 문화적 정체성을 지닌 콘텐츠가 있을 때야만 미래적 전망을 지닌 문화 상품으로 살아남을 수 있을 것이다.

드라마 수출과 문화 상품화

K-pop과 함께 현재 한류의 인기를 주도하고 있는 TV드라마를 통해 드라마 수출과 문화 상품화의 관계에 대해 살펴보자. 십여 년 전부터 우리나라 드라마는 아시아 각국을 비롯해서 세계 여러 나라로 수출되고 있다. 특히 역사드라마나 가족드라마는 비슷한 정서의 아시아 여러 나라는 물론이고 아랍 국가들에서까지 인기를 끌고 있다. 그 외에도 출생의 비밀이나 고부갈등, 삼각관계, 신데렐라 스토리 등의 반복되는 주제에 기대고 있는 소위 '아침 드라마', '주말 드라마'들 역시 인기리에 수출되고 있다.

미국을 제외하고 세계적으로 TV드라마 산업이 발전하고 드라마를 가장 많이 수출하는 나라들은 브라질과 아르헨티나, 멕시코를 비롯한 남미 국가들이 대부분이다. 이들 국가들의 드라마는 복잡한 애정구도, 출생의 비밀 등 다양한 자극적 소재(우리의 일일 드라마는 따라가려면 아직 수준이 멀었다.)와 스토리 전개로 세계 각국에서 인기를 얻고 있다. 2000년대 초반 세계적으로 인기를 끌었던 브라질 드라마 〈가족의 끈(Laços de Família)〉을 한번 예로 들어 보자. 한 남자를 중심에 둔 모녀의 삼각관계, 백마 탄 왕자의 출현, 백혈병으로 인한 시한부 인생, 출생의 비밀 등이 그야말로 실타래처럼 복잡하게 얽혀있다. 소녀취향의 순정만화에서처럼 이 모든 클리셰들은 그야말로 노골적으로 한꺼번에 노출되고 있다. 이와 같은 드라마들은 유사한 이야기구도를 바탕으로 매년 재생산되고, 아메리카와 유럽대륙에서 한꺼번에 소비된다. 그렇지만 드라마의 인기에도 불구하고 이들 나라를 문화대국이라 여기지도 않을 뿐더러 이들이 세계 문화콘텐츠 시장에 미치는 영향 역시 미미하다. 그렇다면 우리나라의 '연속극'과 이 국가들의 드라마는 어떻게 구분되는가? 웰 메이드 드라마 몇 편을 제외하면, 사실 우리 드라마는 오히려 남미 드라마를 능가하기 어렵다. 그 선정성에 있어서도, 스토리텔링의 소위 '막장'적인 성격에 있어서도 그렇다.

이미 많은 사람들이 지적하고 있듯 이른바 '연속극'뿐만 아니라, 우리나라 '역사드라마'도 심각한 문제점을 노출하고 있다. 퓨전을 표방하면서 역사와 신화, 허구의 영역을 넘나들고, 역사와 픽션을 지나치게 혼합하여, 오히려 허구적 내용이 대부분인 극들이 역사드라마라는 이름으로 만들어지고 수출된다. 무조건 역사적 사실에 충실한 드라마를 만들어야만 한다는 것은 아니다. 때로는 상상력이 역사적 사실의 가장 구체적인 부분들을 더 충실히 메워줄 수 있기 때문이다. 예를 들면 톨스토이는 오히려 허구(이때는 물론 소설을 염두에 두었겠지만)가 역사적 사실보다 더 생생하게 사건의 본질을 전달해 줄 수 있다고 이야기한 바 있다. 이 경우 톨스토이가 염두에 둔 것은 근거 없는 상상과 역사적 사실의 왜곡이 아니었다. 그는 역사적 단면의 가장 본질적인 부분을 포착하여 이야기로 구성할 수 있는 작가의 재능과 역사 앞에서의 책임감이 중요하다고 강조한다. 사실, 톨스토이의 『전쟁과 평화』는 이러한 작가의 말을 뒷받침해주는 가장 좋은 예라 할 수 있다. 소설 속 나폴레옹과 쿠투조프의 형상은 역사적 인물에 작가의 상상력이 더해진 것으로, 너무나 인간적이고 생생하게 독자들 앞에서 살아 움직인다. 실존했던 영웅적 인물들과 더불어 19세기 초반을 살아가는 민중 개개인과 고뇌하는 젊은 귀족들의 모습은 실재하지 않았지만 존재했을 법한 생명을 지닌 인간들로 그려진다. 소설을 읽는 독자들이 이런 인물과 사건을 보면서 톨스토이가 역사를 왜곡한다고는 생각지 않을 것이다. 최근 우리의 역사 소설로는 김훈의 『칼의 노래』나 『남한산성』이 유사한 예가 될 수 있는데, 좋은 역사소설을 읽을 때 오히려 독자들은 역사책만으로 알 수 없는 사실들, 역사적 사건은 아닐지 몰라도 충분히 '가능한' 삶의 이면들을 추체험할 수 있고, 그 시대를 살아간 인간들에 대해 보완적인 지식을 얻게 될 수 있는 것이다.

그런데 장르는 다르지만 현재 TV에서 방영되는 대다수 역사드라마들은 이와는 반대되는 현상을 보여준다. 작가의 상상력으로 역사적 사실을 보완하고 공백을 메우거나 새로운 색채를 덧붙이는 것이 아니라, 실제로 있었던 역사적 사실을 변화시키고 심지어 신화를 역사화하거나 역사를 신화화하는 오류를 범한다. 우리 문화의 우월성을 웅변하고 싶은 편협한 애국주의로 과장이나 왜곡도 드물지 않게 나타나고 단순한 역사 지식의 부족에서 기인한 오류도 자주 등장한다. 그리고 이 모든 것은 드라마 장르에 작가적 상상력이 가미될 수 있다는 이유로 정당화 된다. 결과적으로 역사적으로 민감한 관계인 중국이나 일본과의 과거를 드라마로 만드는 경우 종종 논쟁의 빌미를 제공하기도 한다. 가까운 중국이나 일본과 긴밀한 관계를 지니면서 살아온 우리 입장에서는 TV드라마가 우리 역사와 문화를 알리는 좋은 도구가 될 수 있는 것도 사실이지만, 발전적 미래 관계에 전혀 도움이 되지 않는 새로운 충돌의 계기가 될 수 있음도 염두에 두어야 할 것이다.

인문학은 문화 상품화 과정에 어떻게 작용할 수 있는가?

한두 가지 예를 통해 본 것처럼 문화 상품은 단순히 소비되어 사라지는 다른 상품들과는 본질적으로 다르다. 문화는 소비되는 것이 아니라 향유되는 것으로, 인간의 의식에 작용하여 보다 진화된 또 다른 문화적 활동을 이끌어내는 것이기에 소모되고 나면 잊히는 다른 소비재와 달리 큰 파장과 영향력을 지니고 있기 때문이다. 그런데 현재 K-pop을 비롯하여 한류 드라마 등 이른바 문화 상품의 생산과 소비는 대부분 소비재의 그것과 거의 다르지 않은 성격을 지닌다. 몰두하면 할수록 오히려 의식의 소모를 유발하고, 생산적인 다른 활동으로 이어지는 것이 아니라 소비되어 사라지는 그야말로 상품일 따름인 것이다. 당연한 말이지만 소비되는 상품은 그것을 생산해낼 자원이 없을 때, 그리고 그보다 조금만 더 값싼 다른 상품이 나타날 때 더 이상 부가가치를 생산해낼 수 없게 된다.

이렇듯 문화 상품화 과정에서 반드시 염두에 두어야 할 것은 당연한 말이지만, 문화가 소비되는 상품만이 아니라는 점이다. 문화가 상품이 아니라 인간 활동의 총체라는 점을 생각할 때, 위에서 언급한 다양한 문제들을 해결하기 위해 반드시 필요한 것은 바로 인문학적 지식과 인문학적 소양이다. K-pop의 확산이나 역사드라마의 예가 보여주듯 문화 상품화 과정에서 우리 문화와 역사에 대한 무지에서 기인한 콘텐츠들이 나타나기도 하며, 이들이 수출되는 곳에 대한 지식과 이해의 부재로 인한 문제점들을 자주 볼 수 있다. 인문학의 다양한 분과 학문들은 이 경우 여러 가지 측면에서 선기능을 수행할 수 있다. 문화콘텐츠의 생산에 앞서 우선 역사와 철학 분야는 우리 역사와 문화에 대한 올바른 지식을 제공해줄 수 있으며, 외국학은 우리가 나아가는 곳에 대한 정보와 문화적 특수성을 제대로 이해할 수 있도록 해줄 것이다. 그리고 이 두 가지 모두를 염두에 두고 이야기로 만들어 줄 수 있는 것은 문학 분야일 것이며, 우리와 타자를 오해 없이 연결해 줄 수 있는 외국어 지식 역시 문화 상품화 과정에서 반드시 필요한 것이라 할 수 있다.

물론 인문학의 이와 같은 선기능은 인문학적 지식을 시장에 기계적으로 적용하는 효용론으로 여겨지기 쉬우며, 순수한 인문학적 입장을 고수하는 보수적 관점에서 비난받을 수 있다. 그렇기에 인문학적 지식의 기계적 적용을 막고, 인문학이 단순히 시장에 팔리는 것이 아니라는 것을 인식하는 보편 인문학적 소양이 필수적이다. 위에서 언급한 선기능들은 기본적으로 인간에 대한 이해와 타자에 대한 관심과 배려라는 인문학적 소양의 기본 위에서 이루어져야 한다. 그래야만 인문학과 시장의 평화로운 공존이 가능할 수 있게 될 것이다.

이러한 선행적 지식을 바탕으로 문화콘텐츠를 제작한다면, 그리고 단순히 상품을 파는 것과는 다른 배려와 호혜의 입장에서 콘텐츠를 공유할 수 있다면 한류는 한순간의 유행으로 그치는 것이 아니라 문화 간의 소통과 대화의 가능성을 열어 새로운 문화 창조의 가능성을 만들어 줄 수 있다. 이때에 우리 문화는 타 문화를 잠식하여 지배하는 것이 아니라 그를 비춰볼 수 있는 거울이 되어줄 수 있어야 한다. 그런 경우에만 한류는 진지한 문화예술의 한 흐름으로, 그리고 세계

문화 발전에 영향을 줄 수 있는 주류 문화가 될 가능성을 가질 수 있게 될지도 모른다.

한 문화와 다른 문화의 접촉과 교류를 통한 문화 발전의 예는 세계사에서 드물지 않게 찾아 볼 수 있다. 고대 그리스나 중세시대의 침략이나 정복에 의한 경우를 제외하고도 유입된 타문화에 대한 한 국가의 관심이 남달랐던 시기가 있다. 18세기 러시아는 프랑스 문화와 독일 학문을 비롯한 서유럽문화에 집중했다. 19세기 말 프랑스는 러시아 발레나 일본 회화 등의 이국적 정취에 빠져 많은 예술가와 지식인이 유행처럼 엑조티즘을 추구했다. 두 경우 모두 문화 간의 접촉은 결과적으로 화려한 성공을 거두었다. 18세기 유럽문화를 거의 받아들이기만 했던 러시아 문화는 19세기 초중반 이후 문학, 음악, 발레를 비롯해서 거의 모든 장르에서 유례없는 발전을 이루었으며, 자신이 모방했던 유럽문화와는 다른 독자적인 문화적 산물을 낳을 수 있었다. 그리하여 덩치만 큰 유럽의 변방으로 여겨졌던 이 나라는 한 순간 문화 강국으로 도약했으며 음악, 문학, 발레, 학문 등 거의 모든 문화예술 분야에서 오늘날까지도 최고의 위치를 차지하고 있다.

한편 프랑스의 이국 취향 역시 단순한 한때의 유행으로 끝나지 않고, 세기 초 회화와 음악 영화 등 다양한 분야에서 수렴되어 전통적인 문화 강국 프랑스의 입지를 더 굳건히 해주었다. 이렇듯 한 문화가 다른 문화에 대해서 창조의 영감이 되고, 새로운 문화 창조의 근원이 될 수 있을 때, 즉 메타문화가 될 가능성을 지니고 있어 단순히 소비되고 소모되어 버리는 어떤 것이 아닐 때에야 그것은 문화로서 진정한 의미를 지닐 수 있다. 세계문화사가 보여주고 있는 이러한 전례를 우리는 지금 유념해야 할 것이다.

K-pop과 드라마 수출을 통한 한류의 확산 과정에서 우리 문화에 대한 성찰, 타문화에 대한 이해와 배려가 공존하게 된다면, 한류는 단순한 젊은이들의 인터넷문화나 키치의 일종으로 한순간의 붐으로 끝나지 않고 어떤 다른 문화를 위한 거울로 기능하는 메타문화가 될 수 있을 것이다. 그리고 그것은 무분별한 한류의

확장에 대한 우리의 성찰적 자세로부터 시작되어야만 한다.

사실 문화와 시장, 문화의 힘에 대한 통찰은 백범 김구의 문화에 대한 유명한 단상에서 이미 찾아볼 수 있다.

> 나는 우리나라가 세계에서 가장 아름다운 나라가 되기를 원한다. 가장 부강한 나라가 되기를 원하는 것은 아니다. 내가 남의 침략에 가슴이 아팠으니 내 나라가 남을 침략하는 것은 원치 아니한다. 우리의 경제력은 우리의 생활을 풍족히 할 만하고, 우리의 강력은 남의 침략을 막을 만큼이면 족하다. 오직 한없이 가지고 싶은 것은 높은 문화의 힘이다. 문화의 힘은 우리 자신을 행복하게 하고 나아가서 남에게 행복을 주기 때문이다. 지금 인류에게 부족한 것은 무력도 아니요, 경제력도 아니다. 자연과학의 힘은 아무리 많아도 좋으나 인류 전체로 보면 현재의 자연과학만 가지고도 편안히 살아가기에 넉넉하다. 인류가 현재에 불행한 근본 이유는 인의가 부족하고, 자비가 부족하고, 사랑이 부족한 때문이다.
>
> – 백범 김구 「나의 소원」 중에서

시장과 문화에 대한 백범의 통찰은 오늘날의 관점에서도 놀랍다. 과거와 비교해서 풍족히 살아가고 있음에도 불구하고 우리 사회는 계속 시장의 확장과 시장에서의 승리를 목마르게 원하고 있다. 시장은 인간 삶을 풍요롭게 하기는 하지만 진정으로 인간을 행복하게 해 줄 수는 없다. 백범의 언급처럼 문화의 힘은 '우리 자신을 행복하게 하고, 나아가서 남에게 행복을' 줄 수 있기에 막강하고도 소중한 것이다. 우리는 지금 우리만 행복하게 만드는 것이 아니라, 인류 모두에게 행복을 줄 수 있는 '한류문화'라는 소중한 가능성을 가지게 되었다. 그것이 한순간의 유행이 아니라 '높은 문화의 힘'이 되도록 하는 것은 결국 '인의'와 '자비'와 '사랑'이라는 인문학적 사유 방식이 전제될 때일 것이다.

더 읽을거리

얼 쇼리스, 『희망의 인문학』, 고병헌 외 역, 이매진, 2006.

월터 카우프만, 『인문학의 미래』, 이은정 역, 동녘, 2011.

이현우, 『로쟈의 인문학 서재』, 산책자, 2009.

장하준, 『사다리 걷어차기』, 부키, 2004.

제레미 리프킨, 『소유의 종말』, 이희재 역, 민음사, 2001.

칼 폴라니, 『전세계적 자본주의인가, 지역적 계획경제인가 외』, 홍기빈 역. 책세상 문고, 2002.

해리 버로우즈 액튼, 『시장의 도덕』, 이종욱, 유주현 역, 한국경제연구원, 1996.